ENTRETIENS FAMILIERS

D'UNE

INSTITUTRICE

AVEC SES ÉLÈVES

OUVRAGES DU MÊME AUTEUR :

Résumé d'éducation pratique, par demandes et par réponses, extrait des *Entretiens familiers d'une institutrice avec ses élèves*, par Mme Paul CAILLARD, déléguée générale pour l'inspection des écoles primaires de filles. 2e édition améliorée. 1 vol. in-18, cartonné.. » 60

Petit Cours de Lectures morales et pratiques, à l'usage des jeunes enfants dans les salles d'asile et les écoles communales. 1 vol. in-18, cartonné .... » 70

Robert l'apprenti ou l'histoire interrompue, petit manuel de civilité en actions. 1 vol. in-18, cartonné.................... » 90

CORBEIL. — TYP. ET STÉR. DE CRÉTÉ FILS.

ENTRETIENS FAMILIERS

D'UNE

INSTITUTRICE

AVEC SES ÉLÈVES

OU PETIT MANUEL D'ÉDUCATION PRATIQUE POUR LES JEUNES FILLES

SPÉCIALEMENT DESTINÉ AUX ÉCOLES PRIMAIRES

LIVRE DE LECTURE COURANTE

PAR

Mᵐᵉ PAUL CAILLARD

DÉLÉGUÉE GÉNÉRALE

Pour l'inspection des Écoles primaires de filles

TROISIÈME ÉDITION

> Le langage du cœur couvient seul pour l'éducation.
> Aimer Dieu et ses semblables est le devoir qui renferme tous les autres, et le but de l'éducation est de le faire comprendre aux enfants.

Mention honorable à l'Exposition universelle de 1867 accordée aux Entretiens familiers de Mᵐᵉ Paul Caillard.

PARIS

LIBRAIRIE CH. DELAGRAVE

58, RUE DES ÉCOLES, 58

1874

EXTRAIT

DE

QUELQUES-UNES DES NOMBREUSES LETTRES

adressées à madame Paul CAILLARD

AU SUJET DES ENTRETIENS FAMILIERS.

MONSEIGNEUR L'ÉVÊQUE DE MEAUX.

Le 7 décembre 1863.

« MADAME,

« Je n'ai pu lire moi-même vos *Entretiens familiers*; mais, d'après le compte qui m'en a été rendu, je n'ai qu'à vous féliciter des sentiments vraiment chrétiens qui ont inspiré cet ouvrage. On y remarque une étude consciencieuse de l'enfance, de ses penchants, de ses qualités et de ses défauts, ainsi que des moyens de diriger ce qu'il y a de bon dans ces jeunes âmes et de rectifier ce qui est défectueux. Ce livre peut être très-utile aux institutrices et aux mères chrétiennes, et je profiterai bien volontiers des occasions qui pourront se présenter pour le recommander dans les familles et dans les pensionnats de mon diocèse. »

MONSEIGNEUR L'ÉVÊQUE D'ORLÉANS.

Le 29 décembre 1863.

« MADAME,

« Je regrette que l'accablement de mes occupations ne m'ait pas encore permis d'achever la lecture de vos *Entretiens familiers*.

« Ce que j'ai pu en voir jusqu'à présent m'a intéressé, et je ne doute pas, d'après le peu que j'ai lu déjà, que l'ouvrage ne soit vraiment bon, et que le succès ne réponde à vos légitimes espérances. »

MONSEIGNEUR PLACE, AUDITEUR DE ROTE POUR LA FRANCE.

Paris, 20 octobre 1863.

« MADAME,

« Tout ce que j'ai lu de vos *Entretiens familiers* est plein d'intérêt, parfaitement appliqué au jeune auditoire auquel vous vous adressez et empreint des plus purs sentiments de foi et de morale chrétienne.

« En vous félicitant d'une bonne œuvre et d'un bon livre, je ne peux que vous remercier, pour ma part, du plaisir que j'ai éprouvé en commençant une lecture que j'achèverai promptement. »

MONSIEUR L'INSPECTEUR DE L'ACADÉMIE DE TOULOUSE (a).

*** le 1er octobre 1864.

« Madame la Déléguée générale,

« Je serai sérieux et vrai au sujet de votre ouvrage que vous appelez *votre petit travail*, et que j'appellerai un travail considérable, aussi utile que consciencieux.

« C'est le *Cours d'éducation* à l'usage des jeunes filles, le plus complet et surtout le plus spécial, le plus pratique, qui ait paru, si je ne m'abuse. Dans vos *Entretiens d'une institutrice* avec ses élèves, vous avez tracé le procédé le plus rationnel, le plus infaillible pour inspirer et inculquer aux jeunes filles le sentiment profond de tous les devoirs, de toutes les qualités qui conviennent à la femme, à sa destination dans la famille et dans les relations sociales. Vous savez faire aimer le devoir, la vertu, la piété, en démontrant par des exemples frappants et par des applications constantes que là seulement réside le vrai et solide bonheur. Personne mieux que vous n'excelle à parler le langage du cœur, et le langage d'une mère non moins tendre qu'éclairé pénètre l'esprit et l'âme des enfants, s'en empare, y jette de profondes racines avec des habitudes qui occupent toute la vie, toute l'existence de la jeune fille.

« Vous avez mille fois raison : toute l'éducation de la femme consiste dans le développement des leçons du catéchisme, cette science la seule infaillible. *Dieu et le prochain :* telle en est la source la plus pure, la seule féconde. En dépit des clameurs et de toutes les critiques, ne craignons pas d'insister sur ces principes, afin d'élever sur ces bases inébranlables tout l'édifice de l'éducation.

« Vos sages entretiens, habilement gradués, présentent des détails naïfs, enfantins, dira quelque esprit superficiel ; mais ces historiettes, ces récits ne sauraient être mieux appropriés et par la pensée et par le style : ils sont pleins d'intérêts touchants, saisissants, facilement compris. Chaque réponse coule de la question posée ; vous amenez l'enfant à la trouver toute seule sans le moindre effort.

« La première qualité de votre livre et qui mérite une mention et un éloge particuliers, c'est la simplicité, la clarté ; c'est d'avoir eu le courage ou la modestie de songer moins à la réputation d'élégant ou savant écrivain qu'au but d'utilité pratique qu'il fallait atteindre. Vous avez montré le véritable talent qui convient dans un ouvrage consacré

(a) M. Cahuzac.

à l'enfance, composé pour les élèves et les maîtres bien plus que pour la gloriole de l'auteur, dans un style qui ne saurait jamais être trop simple et trop facile. »

MONSIEUR LE PRIEUR DES PÈRES DE LA PREMIÈRE OBSERVANCE DE PRÉMONTRÉ.

Monastère de l'Immaculée-Conception-Saint-Michel, près Tarascon.

Le 21 mars 1865.

« Madame,

« Je n'ai pu encore que parcourir vos *Entretiens familiers*, mais ce que j'en ai lu m'a ravi et m'a fait vivement désirer de les lire entièrement. Le compte rendu que m'en a fait celui de nos Pères que j'avais chargé de le lire pour moi m'a fait désirer surtout de le voir répandre dans toutes les écoles. »

MONSIEUR X***, JUGE DE PAIX A***.

L***, 26 août 1863.

« Monsieur,

« J'ai l'honneur de vous renvoyer les deux petits volumes que vous avez eu l'obligeance de me prêter. Je les ai lus avec grand plaisir et les ai admirés. Il est rare de trouver des ouvrages pratiques aussi parfaitement conçus et bien écrits en même temps. La morale évangélique qui a présidé à leur rédaction est pure et présentée avec une grande simplicité, et je me rappelle trop les principes que j'ai recueillis au collége, pour ne pas savoir que le style simple est le plus difficile à pratiquer. L'auteur, en parcourant avec ordre toutes les qualités que l'on désire rencontrer chez les jeunes filles, a parfaitement rempli le but qu'il s'est proposé. »

MADAME LA BARONNE DE STENGEL, DAME D'HONNEUR DE SA MAJESTÉ L'IMPÉRATRICE DOUAIRIÈRE DU BRÉSIL.

Lisbonne, le 14 août 1863.

« Madame,

« Je ne saurais vous dire combien l'Impératrice a été satisfaite et charmée de vos *Entretiens familiers* et de leur résumé. Sa Majesté les

appelle un vrai bijou, et elle voudrait qu'ils pussent être traduits dans
toutes les langues. Elle trouve que vous avez parfaitement raison de
dire qu'il faut s'attacher à enseigner aux enfants plutôt ce qu'ils doivent faire que ce qu'ils doivent éviter, et aussi que la seule vraie base
de l'éducation est la religion. Bien souvent tout cela est peu compris
par une institutrice, et votre livre, Madame, peut donc devenir tout
aussi utile aux institutrices elles-mêmes qu'à leurs élèves en appelant
l'attention des premières sur l'essentiel et en leur enseignant comment
il faut s'y prendre avec l'enfance. Sa Majesté, en me chargeant de vous
transmettre ses remerciments, a désiré que j'y joignisse toutes ses observations et que je vous disse encore une fois, Madame, que la lecture
des deux petits livres a été une vraie jouissance pour elle. »

MONSIEUR VICTOR BOREAU.

Paris, le 19 novembre 1862.

« Madame,

« Je suis bien en retard pour vous parler de vos excellents *Entretiens*.
Un pareil ouvrage manquait dans l'enseignement. C'est le lien indispensable entre l'instruction et l'éducation. Je me suis fait avec plaisir
votre élève, par une lecture assidue d'un livre qui suppose de spirituelles observations longuement méditées, et montre tant d'ordre et
de logique dans une rare simplicité de style. »

MADAME CORMIER, INSTITUTRICE A MEAUX.

Meaux, le 9 décembre 1862.

« Madame,

« C'est avec le plus vif intérêt que nous avons lu vos entretiens si
bien faits pour inspirer aux jeunes filles le goût de la vertu et la leur
rendre aimable. Nos enfants écoutent avec bonheur vos conseils affec-
tueux, et la manière dont elles les comprennent nous porte à croire
qu'elles en retirent tout le fruit que l'on peut en attendre. »

PRÉFACE

En général, les ouvrages qui traitent de l'éducation des enfants contiennent plutôt des dissertations théoriques que l'indication des moyens pratiques d'enseignement. Aussi, après les avoir lus avec attention, les institutrices et les mères se disent-elles presque toujours :

« Ces conseils sont très-bons, sans doute, mais comment devons-nous les appliquer, et surtout par quelles voies pouvons-nous les faire arriver à la raison à peine naissante de nos jeunes élèves? »

Ces institutrices et ces mères sont dans le vrai ; d'où il suit que les résultats obtenus jusqu'à ce jour en fait d'éducation dans nos écoles primaires et principalement dans celles des communes rurales laissent encore à désirer.

C'est donc en vue de suppléer à l'insuffisance des moyens mis à la disposition des institutrices par les auteurs des ouvrages sur l'éducation de l'enfance, que nous avons entrepris d'exposer les procédés dont nous avons nous-même éprouvé l'efficacité.

Nous ferons remarquer d'abord que, trop souvent, on croit pouvoir faire de l'éducation sans lui donner sa véritable et unique base, la religion....

« On oublie trop, disait un ecclésiastique distingué, que l'éducation n'est autre chose que la pratique du catéchisme; » il ajoutait même : « Les instructions religieuses que nous donnons deux ou trois fois par semaine aux enfants, pendant les années qui précèdent leur première communion, ne produiront que peu de fruits, si les mères et les institutrices ne viennent pas les confirmer et les développer par de bons principes d'éducation pratique, c'est-à-dire en enseignant aux enfants, par des explications et des exemples, les vertus dont le catéchisme ne contient que la théorie. »

Nous avons toujours pensé qu'en inspirant aussi de bonne heure aux enfants la crainte salutaire de la présence de Dieu, même lorsqu'il s'agit des plus légères fautes, on les empêche d'en commettre de bien plus graves un jour, et nous ne sommes pas de l'avis de ceux qui prétendent que c'est manquer de respect envers Dieu que d'invoquer souvent son saint nom pour rappeler les enfants à leurs devoirs.

Certains théoriciens, dont les doctrines nous paraissent à nous fort abstraites, trouveront peut-être que nous exigeons trop de nos jeunes élèves, mais nous répondrons que, dans la pratique, il faut toujours demander beaucoup aux enfants, même pour n'obtenir que peu de chose, et que c'est seulement en captivant sans cesse leur imagination mobile et en s'adressant surtout à leur cœur, qu'on peut les rendre attentifs et obéissants.

D'ailleurs, les mères et les institutrices, auxquelles sont destinés les enseignements que nous nous efforçons de donner dans ce livre, peuvent y substituer d'autres développements, si elles n'obtiennent pas de nos leçons les résultats désirés et attendus. L'important est qu'elles arrivent au but unique de toute bonne éducation, celui de faire comprendre et pratiquer les qualités et les vertus nécessaires au vrai bonheur en ce monde; que ce soit par d'autres explications ou par d'autres comparaisons que les nôtres, peu importe, si le succès couronne leurs louables efforts.

Bien loin de nous, en effet, la pensée d'être parvenue à remplir une tâche aussi difficile que celle de présenter une méthode complète d'éducation! nous n'avons pas eu cette prétention. En préparant ce modeste travail, nous avons cherché seulement à être utile et à répondre, autant qu'il était en nous, à l'appel qu'un ministre, aussi éclairé que bienveillant, a fait au zèle et à l'expérience de tous, pour le seconder dans le succès de la grande œuvre qu'il poursuit avec une si noble persévérance : Le développement de l'éducation dans les écoles primaires.

AUX MÈRES ET AUX INSTITUTRICES

Ne donnez aux enfants que des modèles de bonté et de bon goût ; ne mettez entre leurs mains que des auteurs qui les occupent sans effort et dont ils se souviennent sans peine.   (JOUBERT.)

Pour faciliter la lecture et l'application de notre méthode d'éducation, nous l'avons présentée sous la forme d'entretiens familiers contenant, comme exemples, le récit de faits variés dont nous avons été pour la plupart le témoin pendant le cours de nos années d'enseignement.

De plus, comme nous sommes persuadée que c'est toujours par ignorance, si ce n'est par légèreté et étourderie, que les enfants commettent des fautes, nous avons cherché, en nous rapprochant de leur langage, à leur expliquer ce qu'à tort on ne croit pas être à leur portée.

C'est en leur parlant toujours de leurs défauts, sans se donner la moindre peine pour leur faire comprendre les qualités contraires, qu'on les décourage et que, trop souvent, on gâte les meilleures natures. Que d'exemples nous pourrions citer à l'appui de cette triste vérité ! Aussi, avons-nous adopté un système tout opposé, en nous attachant à enseigner aux enfants plutôt ce qu'ils doivent faire que ce qu'ils doivent éviter ; en un mot, nous avons fait de la morale en action, la seule que les enfants comprennent.

Les épigraphes que nous avons placées en tête de nos entretiens prouvent d'ailleurs que nos doctrines, en éducation, sont appuyées sur les autorités les plus respectables.

Peut-être, nous dira-t-on, qu'en parlant des deux conditions essentielles au vrai bonheur : aimer Dieu et faire le bien à ses semblables, nous eussions pu nous dispenser de recommander les moyens infaillibles que la religion nous enseigne pour y être fidèles ; mais, en les passant sous silence, nous aurions cru manquer à notre devoir et à nos convictions.

Du reste, nous n'avons fait que les indiquer ici, parce qu'ils sont plus spécialement du domaine du catéchisme, qui est, comme nous l'avons dit, la théorie d'une bonne éducation, et ce n'est qu'après avoir pris l'avis d'ecclésiastiques éclairés, que nous en avons fait mention.

Les institutrices, à la prière desquelles nous avons consenti à publier cet essai, comprendront facilement pourquoi nous avons adopté la forme d'entretiens : c'est afin de leur être plus utile, en leur épargnant le temps nécessaire pour chercher les moyens d'appliquer notre mode d'enseignement. C'est encore dans le même but pratique que nous avons fait suivre chacun de nos entretiens d'un modèle de questionnaire ; mais, dans la crainte que le temps manquât aux institutrices pour interroger leurs élèves après la lecture de chaque entretien, nous avons fait une seconde partie intitulée : *Résumé d'éducation pratique*, par demandes et par réponses. — Ces leçons ne devront être apprises par les élèves qu'après avoir entendu lire les entretiens, parce que quelques-unes des réponses comportent des récits qu'elles devront raconter par cœur et qu'il eût été trop long de placer dans un résumé.

Que ces institutrices acceptent donc ces pages comme souvenir d'un cœur qui ne demande à Dieu que le succès de leurs constants efforts et la récompense de leur dévouement et de leurs sacrifices dans l'exercice de la plus sainte et de la plus noble tâche ici-bas : celle de former le cœur des enfants à l'amour du bien.

Nous les engageons aussi à donner leur attention à l'avant-propos ci-après qui a été écrit à leur intention.

AVANT-PROPOS

L'Amour du Devoir.

> Il y a de la grandeur à s'occuper constam-
> ment des moindres devoirs.
> (FLÉCHIER.)

Lorsqu'on visite une école ou une salle d'asile, il est facile de juger, du premier coup d'œil, si l'institutrice ou la directrice possède l'amour du devoir, qui doit être le principe et la base de sa position modeste, toute de dévouement et d'abnégation : si le regard se repose avec satisfaction sur de petits visages ouverts, gais, confiants et d'une propreté irréprochable, s'il semble qu'il existe un rayonnement doux et mystérieux qui unit la directrice à ses chers petits élèves et les rend attentifs au moindre signal de ce mentor bon et indulgent, de cette amie patiente et dévouée, enfin, si, au milieu du bruit même de la récréation, on n'est pas attristé par la vue de quelques enfants appliqués à inventer des jeux souvent aussi dangereux qu'inconvenants, on peut être certain que la directrice est animée de l'amour du devoir et qu'elle sait l'inspirer à tous ceux qui l'entourent.

Que bien différent est l'aspect d'une école où, par exception, l'amour du devoir ne domine pas !

On se sent saisi de pitié à la vue de ces pauvres enfants
à l'air inquiet, malheureux, à la contenance abattue, négligée, au regard froid, insignifiant. Tels doivent être en
effet des enfants assujettis à une routine restée étrangère
à ces mille moyens que l'amour du devoir inspire à la
vraie directrice pour toucher le cœur des enfants et développer leur intelligence.

Quel est donc ce sentiment qui peut opérer tant de
bien dans une école ou une salle d'asile et dont l'absence
y cause de si déplorables effets? C'est l'amour du devoir,
que toute mère chrétienne doit graver en caractères inef-
façables dans le cœur de son enfant, sentiment irrésis-
tible qui nous pousse vers le bien dans toutes les positions
où Dieu nous appelle; c'est l'immolation complète de
notre volonté à sa volonté divine qui a marqué, à chacun,
sa place ici-bas. C'est la dignité dans la conduite; c'est
la résignation et la persévérance dans les travaux; c'est
la douceur, la bonté et la pratique exacte des convenances envers tous, supérieurs ou inférieurs. Enfin, c'est
le sacrifice de toutes les petites ambitions, de toutes les
petites jalousies, de toutes les petites haines à cette noble pensée : « Bien remplir son devoir, » c'est-à-dire avec
amour.

Trop souvent on confond ce saint amour du devoir avec
des sentiments qui sont aussi mesquins qu'il est grand,
qui sont aussi loin de Dieu qu'il en est près : l'amour du
devoir n'est pas un faux zèle qui succombe aux premières
fatigues, aux moindres obstacles; l'amour du devoir est
fort, courageux, persévérant, sublime comme tout ce qui
vient de Dieu même. Dans les jours brillants de la jeunesse, il se manifeste avec cette ardeur qui accompagne

alors tous les actes; plus tard, éclairé par l'expérience, il
se révèle par de salutaires conseils et n'en est que plus fé-
cond. Heureux ceux qui possèdent l'amour du devoir !
pour eux la tâche sera plus douce, les calomnies seront
moins odieuses, les déceptions moins amères, parce qu'en
écoutant leur conscience dans le silence du soir, ils n'en-
tendront pas cette terrible accusation : « Aujourd'hui, vous
avez failli à votre devoir. »

Le devoir ! qui ne connaît le sien ou ne pourrait le connaître, s'il voulait y réfléchir ? et pourtant, que de fois on
y manque, ou que de fois on le remplit froidement, stric-
tement, sans l'amour qui le rend si doux et si facile ! Que
de fautes on commet parce qu'on ne le prend pas pour
guide ! Que de temps perdu à parler des uns ou des autres, à s'occuper de tout, excepté de ses obligations ! Que
de travaux négligés ! Que de démarches oubliées ! Que de
cœurs offensés ! Toujours par l'absence d'amour du devoir !
Que de personnes s'indigneraient à l'accusation de ne pas
posséder ce feu sacré, et cependant que de fois elles n'ont
point agi comme si leurs supérieurs eussent été présents...

C'est donc dans l'amour du devoir que la personne
placée à la tête d'une école ou d'une salle d'asile et qui
remplit tout à la fois le rôle de mère et celui d'institutrice, puisera la bonté, la douceur et la patience nécessaires pour guider et surveiller son cher petit troupeau.
Que de bonté ne lui faudra-t-il pas, en effet, pour aimer
et soigner toutes ses élèves, même celles qui sont déshé-
ritées des dons de l'intelligence ou affligées de quelque
infirmité ! Que de douceur lui sera nécessaire pour triompher des caractères difficiles, violents ou entêtés ! De

quelle patience ne devra-t-elle pas être douée pour rester
calme en présence de la légèreté des enfants qui oublient
instantanément les avis les plus utiles, bien qu'elle les leur
répète sans cesse ! Quelle satisfaction l'institutrice éprouvera-t-elle, chaque jour, après avoir terminé sa pénible
tâche, si ce n'est celle que donne l'accomplissement du
devoir? Où puisera-t-elle toutes ces inspirations mater-
nelles qui sauront convertir en leçons utiles les moindres
faits qui se passeront dans son école? Seulement et toujours dans l'amour du devoir. Serait-elle instruite, spiri-
tuelle, supérieure même par l'intelligence, tout cela serait
inutile, s'il lui manquait l'amour du devoir. Ce sentiment
saura la rendre ingénieuse pour trouver les moyens d'arriver aux cœurs de ses chères élèves, afin de leur inspirer
l'amour du bien, l'horreur du mal, double tâche qui résume la grande œuvre de l'éducation.

Courage donc, dirons-nous à toutes les institutrices,
votre mission est noble et belle ; les services que vous
rendez sont immenses. Comme toutes les œuvres saintes,
la vôtre s'accomplit modestement sous l'œil de Dieu qui
saura vous tenir compte de tous vos efforts, de tout votre
dévouement, de toute votre abnégation. Si parfois vous
vous sentez défaillir à l'aspect d'une carrière si pénible,
si l'inquiétude s'empare de votre cœur, pour vous rassu-
rer, comme autrefois, Dieu rassurait Abraham, en l'en-
voyant dans une terre inconnue, écoutez, à travers les
siècles, ces belles paroles qu'il adressait à ce patriarche :
« Que crains-tu? Je te regarde. Marche en ma présence, et
tu arriveras à la perfection dans l'accomplissement de ton
devoir. »

PLAN

DE LA MÉTHODE D'ÉDUCATION

> L'éducation, nourriture de l'âme, dont la seule base est la religion, produit l'amour du devoir, synonyme d'amour de Dieu ; la vertu, les nobles élans et tous les dévouements.
>
> L'instruction, nourriture de l'esprit, n'engendre, sans l'éducation pour base, que l'oubli du devoir, l'orgueil, la sottise, l'ambition et l'égoïsme, cette dangereuse paralysie de l'âme pour le bien.
>
> ^(***)
>
> L'instruction donne à chacun les moyens de vivre ; l'éducation apprend à bien vivre.
>
> (Mlle SAUVAN.)

Voici en quelques lignes la pensée et le plan des quinze premiers Entretiens qui composent ce livre. Il se termine par un essai sur l'hygiène divisé en sept Entretiens.

Le premier soin de l'institutrice doit être d'inspirer aux enfants l'amour de l'ORDRE, de la TENUE et de la PROPRETÉ.

Son premier devoir est de leur enseigner à AIMER DIEU et à FAIRE LE BIEN.

Aimer Dieu, c'est aimer tous les enfants de Dieu sans exception.

Faire le bien, pour l'enfant, c'est *obéir*.

Aimer ses semblables, qui sont les enfants de Dieu, c'est pratiquer les vertus et posséder les qualités qui suivent :

Politesse — exactitude — affabilité — amabilité — prévenance — complaisance — obligeance — charité — respect pour les parents, les supérieurs, les vieillards — bonté — modestie — douceur — patience — générosité — reconnaissance — dévouement — justice — sincérité — discrétion — honnêteté — délicatesse — indulgence — humilité — piété ferme et éclairée.

Telles sont les vertus et les qualités qu'il faut inspirer de bonne heure aux enfants par le *précepte* et surtout par *l'exemple*.

L'institutrice doit, en outre, par quelques notions élémentaires sur l'hygiène, leur apprendre à conserver leur santé, que des manques de précautions compromettent trop souvent.

Les Entretiens sur l'hygiène, que nous avons ajoutés à nos nouvelles éditions, leur feront connaître les moyens de préserver leur santé des accidents et des maladies auxquels les expose l'ignorance des principes les plus élémentaires de cette science.

PREMIÈRE PARTIE
ÉDUCATION

PREMIER ENTRETIEN
De l'ordre.

> Dieu est l'ordre, et l'ordre conduit à Dieu. (Saint Augustin.)
>
> L'ordre est la première loi du ciel. (Pope.)
>
> L'ordre a trois avantages : il soulage la mémoire, il ménage le temps et conserve les choses. (A. Dufrène.)

C'est par l'ordre, cette qualité si nécessaire dans toutes les positions de la vie, que nous avons cru devoir commencer la série de nos Entretiens, parce que l'ordre doit présider dès le jeune âge à tous les actes de notre existence.

Sans ordre, point de discipline possible dans les classes, dès lors, point de succès pour les élèves, point de repos pour leur maîtresse ; il est donc indispensable d'en inspirer tout d'abord l'amour aux enfants. Mais comment faire pour y parvenir ?...

Afin que les enfants puissent imiter l'ordre qu'elles peuvent voir pratiquer journellement à leurs institutrices et à leurs mères, il faut d'abord qu'elles en comprennent l'utilité, autrement elles se diront que c'est une chose fort ennuyeuse que de ranger sans cesse ses effets, et de remettre toujours chaque chose à la même place; naturellement portées à la paresse, elles voudront se soustraire à cette obligation, qu'elles considéreront comme une fatigue et comme un travail ajouté à celui de leurs leçons et de leurs devoirs.

Mais si les institutrices s'appliquent à leur faire sentir, par des comparaisons saisissantes, non-seulement tous les inconvénients, mais encore tous les accidents qui peuvent résulter de leur manque d'ordre, elles reconnaîtront bientôt la nécessité qu'il y a pour elles de ne pas tomber dans cette faute. C'est ce que nous allons essayer de démontrer dans ce premier Entretien.

Dites-nous un peu, mes chères enfants, quelle est la première chose que l'on remarque lorsqu'on entre chez quelqu'un?

N'est-ce pas le plus ou le moins de soin avec lequel les meubles sont placés ou entretenus?... Si l'on s'aperçoit qu'ils sont couverts de taches ou de poussière, que tout traîne au logis, en un mot, que rien n'est à sa véritable place, on déduit de là tout naturellement que la maîtresse de la maison ignore ce que c'est que l'ordre, et que par conséquent elle est une femme fort mal élevée.

Que devez-vous faire pour ne pas être exposées à une pareille critique, lorsque vous serez vous-mêmes à la tête de votre ménage? Nous l'avons déjà dit, il faut contracter de bonne heure des habitudes d'ordre.

Ainsi, lorsque l'heure de quitter la classe est arrivée, vous devez, au signal de votre chère maîtresse, essuyer vos plumes avec soin, fermer vos livres et les placer avec ordre dans votre pupitre, de telle sorte que le lendemain vous puissiez les retrouver sans perte de temps et mettre la main sur chaque objet, sans presque regarder.

Si l'on peut juger de l'esprit d'ordre d'une maîtresse de maison par l'arrangement intelligent de ses meubles, on peut aussi, avec le même degré de certitude, apprécier l'esprit d'ordre d'une petite fille par la seule inspection de son pupitre ou de sa petite boîte à ouvrage.

Que fait une petite fille qui a de l'ordre, au moment de se coucher et après avoir dit sa prière, soit en commun avec sa famille, soit isolément, elle dépose tous ses effets sur une seule chaise en les pliant ou les étendant avec soin, afin de ne pas être obligée le lendemain, lorsqu'elle veut s'habiller, de courir soit après son fichu, son jupon ou ses bas, etc.; et souvent de les démêler parmi les effets de ses sœurs ou de ses compagnes, s'il arrive que quelques petites filles sans ordre couchent dans la même chambre.

Pour qu'une petite fille prenne des habitudes d'ordre, il est bon qu'elle ait à sa disposition soit une petite armoire, soit un tiroir de commode, soit même un simple coffre dans lequel elle rangera elle-même son linge lorsqu'il rentrera de la lessive ainsi que ses autres petits effets d'habillement.

En agissant autrement, c'est-à-dire en laissant traîner ses livres ou ses effets de côté et d'autre, au lieu de les remettre à leur place, jamais une petite fille ne pourra être considérée comme bien élevée.

Vous le voyez donc, mes chères enfants, l'ordre est une

des principales qualités qu'on doit posséder, puisque le manque d'ordre nous fait juger si défavorablement par les autres...

Oui, mes enfants, l'ordre est une qualité indispensable, à tel point indispensable, qu'un Père de l'Église a écrit : Dieu est l'ordre, et l'ordre nous conduit à Dieu.

Mais que veulent donc dire ces paroles : Dieu est l'ordre? Cherchons-en l'explication.

Qui ordonne aux astres de paraître tous les jours et de suivre invariablement la même route ou de remplir la même fonction?

C'est Dieu, répondrez-vous.

Qui donc encore commande aux saisons de se succéder régulièrement? qui nous envoie les moissons tous les ans aux mêmes époques?

C'est Dieu, toujours Dieu, direz-vous aussitôt.

Vous le voyez, le Créateur a tout fait avec ordre pour prouver que l'ordre est Lui, et qu'il en est le principe; aussi, nous devons voir dans cet ordre merveilleux de la nature le modèle de celui que nous devons apporter chaque jour dans les habitudes de notre vie.

Nous vous dirons plus loin ce que signifient ces mots : L'ordre nous conduit à Dieu. Mais écoutez auparavant, chères enfants, plusieurs exemples qui vont vous démontrer clairement combien il est essentiel de ranger chaque chose avec soin.

Un jour, la mère de la petite Louise lui recommande de remettre à sa place le verre dont elle venait de se servir.

« Oui, maman, » répond-elle aussitôt.

Mais, au lieu de le porter dans le buffet, elle le pose sur une petite table basse qui se trouvait malheureusement à la portée de son jeune frère.

Qu'arrive-t-il alors ?

L'enfant s'approche de la table, prend le verre et le brise en le laissant tomber.

Est-ce donc lui qui est cause du malheur ?

Non, c'est Louise ; car, si elle avait mis le verre à sa *place*, son jeune frère n'aurait pas pu y atteindre et l'accident ne fût pas arrivé.

Une autre fois, durant la classe, la maîtresse, s'adressant à ses élèves, leur dit à haute voix :

« Mes enfants, rangez vos livres d'histoire sainte, nous allons faire la dictée. »

En l'entendant parler ainsi, toutes les élèves qui ont de l'ordre lui obéissent aussitôt et mettent leur livre à la place qu'il doit occuper ; mais Julie, qui a laissé tomber le sien sous la table, ne pense pas à le ramasser.

Malheureusement pour elle, après le départ des élèves, la maîtresse fait la visite de la classe et aperçoit ce livre à terre.

« Ah ! s'écrie-t-elle, voilà une petite négligente qui n'a pas rangé son livre. Je vais le mettre de côté et je ne le lui rendrai qu'avec la réprimande qu'elle mérite. »

Le lendemain arrive, et l'heure de la leçon avec lui.

« Mesdemoiselles, prenez votre Histoire sainte pour la repasser, » dit la maîtresse sans rien reprocher encore à Julie.

Toutes les élèves qui ont eu de l'ordre et qui se sont rappelé ce conseil : « Une place pour chaque chose, chaque chose à sa place, » prennent leur Histoire sainte dans leur pupitre, où elles l'avaient mise ; mais la pauvre Julie trouve vide la place que devait occuper son livre, et, ne se rappelant pas ce qu'elle a pu en faire, elle le demande à ses voisines :

« Mesdemoiselles, dit-elle, j'ai perdu mon Histoire sainte, l'avez-vous trouvée?... Cherchez dans vos livres, s'il vous plaît? etc., etc.... »

Tout cela occasionne beaucoup de bruit ; la maîtresse de la classe intervient alors et demande à Julie pourquoi elle se tourmente ainsi. D'un air tout confus, elle répond :

« Madame, j'ai perdu mon Histoire sainte...

— Comment, perdu ! vous ne l'avez donc pas remise hier à sa place comme je vous l'avais conseillé?...

— Non, Madame, » avoue-t-elle avec embarras.

Alors la maîtresse fait venir Julie près d'elle, lui remet son livre et lui reproche sa négligence ; tout cela fait perdre au moins un quart d'heure, pendant lequel les élèves qui ont été soigneuses peuvent apprendre leur leçon, tandis que la pauvre Julie, qui a été occupée à chercher son livre, ne la saura pas, et elle perdra la bonne note qu'elle eût obtenue sans son manque d'ordre.

Vous voyez donc bien par ces exemples, qu'il est inutile de multiplier, qu'en oubliant la leçon d'ordre qui vous est donnée chaque jour par votre Père céleste, vous vous exposez à en être punies ; ainsi le verre de Louise a été brisé ; le temps a manqué à Julie pour apprendre sa leçon, et elle a perdu une bonne note.

Que signifient donc, chères amies, ces autres paroles : L'ordre nous conduit à Dieu ?

Je vais vous l'expliquer ainsi que je vous l'ai promis.

Supposons que la petite Marie, ici présente, aime beaucoup l'ordre autour d'elle, que chez ses parents on la voie toujours occupée à ranger ce que ses jeunes frères dérangent, à ramasser les objets qu'ils font tomber pour les remettre à leur place, et qu'à la classe, fidèle à cette maxime : « Une place pour chaque chose, chaque chose à sa place, » elle soit toujours occupée à la rappeler par son exemple à ses compagnes.

Est-ce que Marie, qui aime tant l'ordre autour d'elle, ne l'aimera pas aussi dans son cœur? Lorsque le mal qu'on appelle le péché sera venu jeter le désordre dans sa conscience, n'éprouvera-t-elle pas le désir impérieux d'y rétablir l'ordre, comme elle aime à le faire régner autour d'elle, chez ses parents et dans la classe?

Oui, certainement... Mais alors que fera-t-elle?... où ira-t-elle pour remettre dans sa conscience l'ordre qu'elle trouve si nécessaire?...

Eh bien ! Marie se repentira, elle ira se confesser, avouer courageusement ses fautes ; et, une fois l'ordre rétabli dans sa conscience par cette sainte action, elle se trouvera à l'intérieur comme à l'extérieur en harmonie avec les œuvres de Dieu, œuvres sublimes qui proclament l'ordre par excellence, comme leur divin créateur. Vous voyez donc bien, enfants chéries, qu'on a raison de vous dire : Dieu est l'ordre et l'ordre nous conduit à Dieu.

De même que chaque jour il faut remettre de l'ordre dans une maison pour qu'elle soit bien tenue, de même il faut en remettre chaque soir dans sa conscience par un retour sur soi-même, et par le repentir si l'on a commis quelque faute; ainsi, par exemple, après avoir fait sa prière, une jeune fille se dira :

2.

« A la suite de quelle faute le désordre est-il entré dans ma conscience aujourd'hui ?

« D'abord, j'ai manqué de respect envers ma mère en lui répondant mal ce matin, quand elle m'a commandé quelque chose qui me répugnait à faire ; puis, je n'ai pas eu de complaisance envers mon jeune frère ; à la classe, j'ai été si paresseuse, que je n'ai pas su mes leçons ; je ne me suis pas montrée généreuse, car j'ai rendu le mal pour le mal à une compagne qui m'avait fait de la peine.

« Ah ! je me souviens encore combien j'ai été injuste envers cette pauvre Amélie, en disant qu'elle ne méritait pas d'être première à la classe, injustice qui était presque de l'envie. Et puis, ce soir, j'ai refusé de faire la lecture à ma bonne grand'mère aveugle, sous le prétexte que j'étais fatiguée.

« Hélas ! que de désordres dans mon cœur ! mais, vous qui êtes si bon, ô mon Dieu, pardonnez à votre enfant et faites que demain je ne retombe plus dans ces vilaines fautes... »

Et à la suite de ce retour sur elle-même, qui remet du calme dans sa conscience, elle s'endort avec l'espoir d'obtenir son pardon.

De temps en temps, vous le savez, chères enfants, dans les maisons bien tenues, on consacre un grand jour à y remettre de l'ordre. Ainsi on enlève les meubles, on nettoie partout, on lave les croisées et les rideaux, etc.

Si ce jour ne revenait qu'une fois par an, il y aurait tant de poussière amassée dans les moindres coins, tout serait si malpropre, qu'il y aurait une difficulté très-grande à nettoyer parfaitement, aussi la maison cesserait-elle d'être bien tenue ; mais, au contraire, si le grand jour d'ordre revient chaque semaine, par exemple, il sera beaucoup plus facile de tenir le ménage en ordre, parce que dans une semaine il s'amassera bien moins de poussière que dans une année entière. De même pour la conscience, chères amies; car si votre grand jour d'ordre, qui n'est autre que celui de la confession, ne revient que chaque année, vous aurez commis tant de fautes, que vous serez bien certaines d'en oublier un grand nombre, et votre conscience ne se trouvera ni bien nette ni bien pure; ainsi que la maison, elle sera mal tenue; tandis que, si vous allez remettre de l'ordre dans votre cœur une fois par mois, vous aurez évidemment bien moins commis de fautes que dans un an, et vous serez sûres de ne pas en oublier : alors votre conscience sera toujours aussi bien tenue que la maison dans laquelle on ferait un grand rangement chaque semaine au lieu de chaque année.

Cette comparaison vous prouve, mes enfants, que l'ordre matériel qui doit toujours régner autour de vous, dans vos familles et dans vos classes, est l'image de l'ordre moral qui doit régner aussi dans votre cœur, et que plus vous enlèverez souvent, par le repentir et la confession, les fautes de votre conscience, mieux elle sera tenue et plus aisément vous parviendrez à remplacer tous vos défauts par les qualités opposées, ce qui est le but que se propose l'éducation, ainsi que nous l'avons dit en commençant.

QUESTIONNAIRE.

1. Quelle est la première chose qu'on remarque en entrant dans une maison?

2. Que pense-t-on de la maîtresse de maison si l'on trouve tout en désordre?

3. Que doit faire une petite fille avant de quitter la classe?

4. Comment une petite fille doit-elle ranger ses effets?

5. Qu'est-ce que l'ordre, et que veulent dire ces paroles: Dieu est l'ordre?

6. Citez plusieurs exemples qui prouvent la nécessité absolue d'avoir une place pour chaque chose et de remettre chaque chose à sa place?

7. Que signifient ces paroles : L'ordre nous conduit à Dieu?

8. Quelle est l'action qu'il faut faire chaque soir pour rétablir l'ordre dans sa conscience?

9. Quelle ressemblance existe-t-il entre l'ordre dans une maison et l'ordre dans son cœur?

10. Que fait-on dans un ménage bien tenu au moins une fois par semaine?

11. Comment s'appelle le grand jour d'ordre pour la conscience?

12. Quel est le but que se propose l'éducation ?

DEUXIÈME ENTRETIEN

De la bonne tenue.

> L'homme regarde le ciel, son port majes-
> tueux annonce sa noblesse et son rang.
> (BUFFON, *Dignité de l'homme.*)
> Dieu a formé l'homme à son image.
> (ECCLÉS., XVII, 1.)

Les mères et les institutrices ne pourront inculquer aux enfants qu'elles dirigent l'habitude de la bonne tenue qu'après leur en avoir fait comprendre, comme pour l'ordre, l'indispensable nécessité; sans cela les enfants trouveront également que c'est une grande gêne de se tenir droites, de ne pas porter à volonté leurs mains à leur visage, de ne point s'appuyer sur leurs coudes, ou de s'abstenir d'être trop bruyantes à la récréation.

Il faut donc leur démontrer d'abord ce qu'on entend par une bonne tenue; puis essayer, par des explications simples et faciles, telles que les suivantes, de leur en faire comprendre les avantages.

Qu'est-ce donc qu'une bonne tenue, chères amies, cette bonne tenue qui distingue toujours une enfant bien élevée de celle qui ne l'est pas ?

C'est l'observation exacte de toutes les règles de bienséance que vos parents et vos maîtres vous rappellent si souvent [1].

1 Voir la *Civilité en action* du même auteur, *Robert l'apprenti.*

C'est, par exemple, la manière dont Louise se tient à l'église : après y être entrée et avoir salué respectueusement l'autel, elle se rend à sa place les yeux baissés, et, tout le temps que durent les offices, elle évite de tourner la tête à droite, à gauche, en un mot, de distraire ses compagnes, soit en leur faisant des signes, soit en leur parlant ; conduite qui tendrait à leur faire oublier qu'elles sont dans le lieu saint, sanctuaire de la prière et du recueillement.

C'est aussi le maintien de Marie chez ses parents, lorsque, assise auprès de la table pour dîner, elle ne se renverse pas sur sa chaise en s'y balançant, ou qu'elle ne met pas les coudes sur la table en s'approchant trop près de son assiette, ce qui est aussi peu gracieux que possible.

Une bonne tenue est de rigueur surtout lorsque vous êtes invitée au dehors, par exemple, si vous êtes engagée à un grand dîner chez des parents ou des amis de votre famille.

Avant de vous mettre à table, vous attendrez que la maîtresse de la maison vous indique votre place ; sinon, vous pourriez en prendre une qui ne vous serait pas destinée et vous seriez exposée à vous en voir renvoyée à la vue de tout le monde ; ce qui ne manquerait pas de vous mortifier et de vous faire rougir.

En mangeant votre potage, ne l'aspirez pas avec bruit, rien n'est plus désagréable à entendre : si le potage vous paraît trop chaud, attendez un peu qu'il soit refroidi et ne soufflez pas dessus. Ne parlez pas la bouche pleine, ne touchez pas la viande avec vos doigts, ne faites que le moins possible de miettes, et ne laissez rien dans votre assiette ; ne vous servez pas vous-même et attendez que l'on vous offre ce qui est sur la table.

Si le bénédicité et les grâces ne sont pas prononcés en commun, ne manquez pas de les dire mentalement ; ce sont là, chères enfants, quelques-unes des règles les plus élémentaires de la bienséance ; l'expérience vous en apprendra d'autres. En général, lorsqu'on est incertain sur les usages qu'il faut suivre dans le monde, on se tire d'affaire en prenant exemple sur une personne âgée et de bonne tenue ; c'est-à-dire sur une personne d'une mise soignée sans exagération, parlant peu et avec calme, sachant écouter, n'interrompant jamais un interlocuteur et que chacun paraît estimer et considérer d'après les égards et la déférence qu'on lui témoigne. Dites-vous : Voilà mon modèle ; cherchez à l'imiter ; de cette manière on ne peut pas se tromper. S'il est insensé de vouloir rivaliser par le luxe de sa toilette ou de son extérieur avec les gens riches lorsqu'on n'a pas de fortune, il est tout à fait légitime de chercher à les égaler par des habitudes et des manières de bon goût ; alors on ne dira plus, lorsqu'une jeune fille est gauche, maladroite, embarrassée : On voit bien qu'elle sort de son village. A présent qu'il y a des écoles dans toutes les communes, il faut que la grossièreté des manières disparaisse avec l'ignorance ; ce qui signifie que vous devez acquérir le savoir vivre en même temps que l'instruction.

Enfin, une bonne tenue est celle de ces chères enfants qui, en sortant de la classe, marchent modestement dans la rue sans courir, sans crier et sans heurter les promeneurs, qui, en les voyant passer, ne peuvent s'empêcher de dire :

« Ah ! que ces enfants paraissent bien élevées ! »

Maintenant que ces quelques exemples vous ont fait comprendre ce qui constitue une bonne tenue, écoutez, mes chères petites, pourquoi elle est si nécessaire.

Vous vous rappelez sans doute avoir appris dans votre Histoire sainte que l'homme, par son âme immortelle et ses espérances futures, n'est point semblable aux animaux.

Pourquoi, si vous connaissez cette consolante vérité, vous tiendriez-vous comme eux la tête penchée vers la terre, leur seule demeure, alors que vous devriez relever dignement les yeux vers le ciel, qui doit être un jour votre heureuse et éternelle patrie?

Cessez donc, enfants, par une tenue négligée, de ressembler aux créatures d'un ordre inférieur; que tout dans votre maintien révèle votre noble origine et annonce à tous que vous vous savez enfants de Dieu et que vous vous sentez toujours sous les yeux de votre céleste Père, qui est partout, aux cieux et sur la terre.

Avec cette pensée pieuse, vous devez vous tenir en sa présence encore mieux que vous le feriez devant vos supérieurs, s'ils vous faisaient l'honneur de vous appeler auprès d'eux; vous devez donc vous faire toujours remarquer par une tenue irréprochable à l'église, chez vos parents, à la classe, dans la rue, partout enfin...

Mais, je le vois, dans ce moment, plusieurs parmi vous semblent ne pas avoir compris ce que nous venons de leur dire. Ce sont celles qui, la tête penchée sur leur pupitre, nous cachent le front qui indique l'intelligence, les yeux qui semblent refléter les qualités de l'âme, et la bouche dont le sourire annonce généralement la bienveillance et l'amabilité; tandis que celles qui se tiennent bien présentent un ensemble qui, en charmant les yeux, témoigne qu'elles comprennent le respect qu'elles doivent à Dieu, à leurs maîtresses et à elles-mêmes [1].

QUESTIONNAIRE.

1. Qu'est-ce qu'une bonne tenue ?
2. Comment Louise se tient-elle à l'église ?
3. Citez l'exemple de Marie pendant le dîner.
4. Qu'attendrez-vous avant de vous mettre à table ?
5. Quelles précautions faut-il prendre en mangeant ?
6. Quel moyen emploierez-vous pour ne rien faire de contraire aux usages ?
7. Que faut-il acquérir en même temps que l'instruction ?
8. Quelle doit être la tenue d'enfants bien élevées dans la rue ?
9. Pourquoi une bonne tenue est-elle nécessaire, et que nous apprend l'Histoire sainte ?
10. A qui fait ressembler une mauvaise tenue ?
11. Qu'annonce un bon maintien ?
12. Comment faut-il se tenir en présence de Dieu ?
13. Que fait-on quand on courbe la tête en marchant, en parlant ou en écoutant ?
14. Que prouve la bonne tenue des enfants ?

[1] Ajouter à cet entretien la lecture des *Nouveaux éléments de la civilité chrétienne ou Règles de conduite et de bienséance à l'usage des écoles*; ouvrage autorisé par le Conseil de l'instruction publique. Chez Delagrave et Cie, libraires-éditeurs, rue des Écoles, 78.

TROISIÈME ENTRETIEN

De la propreté.

La propreté est à l'égard du corps ce qu'est la décence dans les mœurs; elle sert à témoigner le respect qu'on a pour la société et pour soi-même.   (BACON.)
La propreté est une demi-vertu.
   (Saint AUGUSTIN.)

Comme l'ordre et la bonne tenue, la propreté est aussi une qualité extérieure qui distingue les enfants de Dieu des autres êtres de la création; et c'est encore une grande preuve d'ignorance que de manquer de cette qualité charmante; écoutez pourquoi.

C'est à vous que je parle, Marguerite: supposez que votre petite sœur, âgée de six ans, ne voulant pas suivre le bon exemple que vous lui donnez sans doute tous les matins et tous les soirs, refuse de se laisser laver le visage et les mains par vous quand vous remplacez votre mère, et qu'elle vous dise dans son ignorance:

« Non, je ne veux pas que tu me débarbouilles, l'eau est trop froide; laisse-moi tranquille avec ta propreté, c'est ennuyeux; d'ailleurs à quoi cela sert-il? etc., etc. »

Lui répondrez-vous ainsi:

« Oh! la vilaine malpropre! oh! la désobéissante! venez tout de suite, Mademoiselle, que je vous débarbouille, au-

trement vous serez punie; maman vous mettra en péni-
tence, entendez-vous, Jeanne. »

Si vous parlez ainsi, votre sœur continuera sa résistance,
parce que, même avec l'enfant, il faut s'adresser à l'intelligence pour se faire écouter, car, s'il se soumettait machi-
nalement, il ne céderait en réalité qu'à la crainte, et non à
la persuasion; et c'est au contraire la persuasion qu'il faut
toujours employer vis-à-vis d'un être ayant reçu de Dieu
un cœur pour aimer d'abord, une intelligence pour comprendre ensuite.

Il faut donc passer par son cœur pour arriver à son intelligence, et il comprendra alors de quelle nécessité im-
périeuse la propreté est pour lui.

Voici donc à peu près comment vous devez vous exprimer, avec votre sœur, et cela avec une voix aussi douce
qu'affectueuse :

« Ma petite Jeanne, viens près de moi, j'ai quelque
chose à te dire, viens... »

Jeanne répondra peut-être :

« Si je viens, tu chercheras à me laver la figure avec
cette vilaine eau froide, et je ne le veux pas.

— Non, non, ajouterez-vous, pas malgré toi; écoute-moi
donc d'abord, car je vais t'expliquer tout ce qui t'arrivera
si tu ne veux pas être propre : dans tes yeux, ton nez, tes
oreilles, sur ton visage, la malpropreté causera de l'irritation; et cette irritation occasionnera du mal qui te fera
souffrir; de plus, tu deviendras un objet de dégoût pour
tout le monde, et l'on s'éloignera de toi en disant :

« Oh! ne jouez pas avec cette petite fille, elle est si
malpropre qu'elle ne ressemble plus à un enfant de Dieu,
et que vous ne pourrez pas la toucher sans vous salir; voilà,

ma petite sœur chérie, ce qui t'arrivera si tu ne te laisses pas débarbouiller. Veux-tu encore rester malpropre? »

Jeanne vous aura écoutée et comprendra votre raisonnement, parce que vos bonnes paroles en même temps que vos caresses l'auront persuadée, et elle se dira :

« Oh ! non, je ne veux pas avoir mal aux yeux, aux oreilles, ni être repoussée par mes petites camarades ; j'aime mieux ressembler à un enfant du bon Dieu. Débarbouille-moi donc, ma bonne sœur, veux-tu? mais tu ne prendras pas de l'eau trop froide, tu ne frotteras pas trop fort non plus, n'est-ce pas? »

Un bon baiser sera votre réponse, et Jeanne ne se révoltera plus un autre jour, car elle aura reconnu la nécessité d'être propre.

Vous le comprenez maintenant, n'est-ce pas? la propreté est :

Une condition indispensable pour conserver la santé.

Elle est aussi :

Une preuve de respect pour ceux qui nous entourent.

Je veux vous expliquer cette seconde pensée.

Quand vous allez rendre une visite avec vos parents, soit à un supérieur, soit à un bienfaiteur, soit encore à un ami ou même à un voisin, vous vous peignez, vous vous débarbouillez non-seulement ce jour-là, mais souvent encore au moment de sortir !

Oh ! oui, me répondez-vous avec un air tout étonné que je puisse vous faire une semblable question.

Or, qu'arriverait-il si vous alliez faire ces visites les cheveux en désordre, les vêtements déchirés, le visage malpropre? Il arriverait que vous feriez une insulte, c'est-à-dire que vous manqueriez de respect à la personne que vous iriez voir avec un tel sans-gêne.

De plus, par exemple, si vous alliez passer une journée entière chez M. le maire ou chez M. le curé, ne feriez-vous pas tous vos efforts pour rester propres et bien tenues en leur présence?

Oui, certainement! vous écriez-vous toutes.

Eh bien, mes chères amies, où Dieu est-il présent?

Partout, me répondez-vous.

Alors vous reconnaissez qu'il est toujours où nous sommes, que par conséquent nous sommes sans cesse devant lui; et nous osons nous tenir malpropres en sa présence, comme nous n'oserions pas le faire devant nos supérieurs! nous aurions donc moins de respect pour Dieu, qui est le Créateur, que nous n'en avons pour ses créatures? C'est le reproche auquel s'exposa une jeune écolière de douze ans de la part d'une inspectrice qui, en s'adressant à elle un jour de céngé pour connaître le chemin des classes communales, s'aperçut qu'elle était dans une tenue fort négligée; le dialogue suivant s'établit entre elle et cette élève :

L'Inspectrice. —Chère enfant, à quelle heure vous êtes-vous levée ce matin?

L'Élève. — A six heures, Madame.

L'Inspectrice.— Il en est dix, et pendant quatre heures vous n'avez pas eu le temps de vous occuper des soins indispensables de propreté? Seriez-vous allée en classe dans cette tenue aussi peu soignée?

L'Élève. — Oh! non, Madame.

L'Inspectrice. — Pourquoi donc, chère enfant?

L'Élève. — Parce que ma maîtresse m'aurait punie?

L'Inspectrice. —Et puis, parce que vous eussiez manqué de respect envers cette bonne maîtresse en vous présentant de la sorte devant elle ? Eh bien, chère petite, depuis quatre heures que vous êtes levée, en présence de qui avez-vous été ?

L'Élève. — En présence de mes parents, Madame.

L'Inspectrice. — Très-bien, et puis en présence aussi de celui qui nous voit partout ?

L'Élève. — Oui, Madame, en présence de Dieu.

L'Inspectrice. — Ainsi Dieu, vos parents, ne méritent pas autant de respect que votre maîtresse ?

L'Élève. — Mais, Madame, je vous demande pardon, je n'ai pas dit cela.

L'Inspectrice. — Pourtant, mon enfant, vous venez de me répondre que vous ne seriez point allée en classe dans cette tenue.

Ici, la pauvre enfant baissa les yeux et ne répondit rien. Il est évident que, lorsqu'elle était propre, ce n'était que par la crainte de la punition qui l'attendait en classe, et non par amour de la propreté elle-même dont cette élève ne comprenait ni la nécessité pour conserver sa santé, ni l'exigence pour ne pas manquer de respect envers Dieu, ses parents et ses semblables. N'imitez donc pas cette jeune fille ignorante, chères enfants, et, soit jour de congé ou jour de classe, n'ayez jamais la paresse de négliger les premiers soins qu'exige la propreté, preuve évidente d'une éducation soignée.

Je viens de parler de vêtements déchirés, mais cela ne pourrait se rencontrer que par exception, car une petite fille bien élevée doit se faire remarquer non-seulement par la propreté de sa personne, mais encore par le soin qu'elle apporte à raccommoder ses vêtements et à conserver ses livres sans les froisser, sans les maculer de taches d'encre, comme cela n'arrive que trop souvent.

Vos bonnes maîtresses, mes chères enfants, vous donnent chaque jour des leçons de couture et de raccommodage.

Vous ne seriez donc pas excusables, si vous portiez des vêtements déchirés; quand même vous seriez encore novice dans l'art si utile de coudre, n'importe, essayez toujours, mieux vaut une pièce mal mise qu'un trou, et un bousillage qu'une déchirure. De cette sorte, si le mal n'est pas réparé, il est au moins arrêté, et vous avez fait preuve de bonne volonté.

C'est en raccommodant ses vêtements aussitôt qu'une petite déchirure se manifeste qu'on en prolonge indéfiniment la durée; ajoutez qu'il est plus difficile de réparer un petit accroc qu'un grand.

Quant à vos livres, vous devez éviter de les salir, de les graisser avec vos doigts; non-seulement pour qu'ils durent pendant tout le temps de votre séjour à l'école, afin d'éviter à vos parents les dépenses nécessaires pour les remplacer, mais encore pour pouvoir les conserver chez vous après votre sortie de l'école. Lorsque vous serez grandes, ils vous rappelleront le temps de votre enfance, le souvenir de vos compagnes, de vos chères maîtresses.

Vous les placerez sur un petit casier dans votre chambre avec vos livres de prières et ils vous serviront à entretenir en vous l'instruction que vous aurez acquise à l'école.

Je veux, avant de terminer ma recommandation sur les livres, vous citer une petite histoire qui vous fera voir ce qu'il en a coûté à un jeune garçon du nom de Paul, pour avoir eu trop peu de soin de ses livres d'étude.

Cet enfant se présentait à un examen exigé pour obtenir une bourse dans un collége et devait pour cela traduire un passage d'un livre écrit en langue latine, cette belle langue de nos prières.

L'examinateur n'ayant pas cet ouvrage sous la main, Paul lui donne le sien, mais comme il était tout maculé, tout taché d'encre au commencement, le professeur se dit : Voilà un petit gaillard qui ne sait sans doute que son commencement, et il ouvre le livre vers le beau milieu. En effet, le pauvre Paul n'avait pas étudié l'ouvrage en entier et il ne put répondre que très-imparfaitement ; ce qui le fit déclarer inadmissible, à son grand chagrin et à celui de ses parents qui furent obligés de payer pension entière.

Si le pauvre garçon eût été plus soigneux, l'examinateur n'aurait pas su qu'il n'avait étudié qu'une petite partie de l'ouvrage à traduire, et peut-être l'eût-il interrogé sur l'un des premiers chapitres, ou eût-il été plus indulgent, s'il n'eût pas eu la certitude, par suite de la malpropreté de la première partie du livre, que l'écolier ne l'avait pas étudié en totalité.

QUESTIONNAIRE.

1. Avec l'ordre et la bonne tenue, quelle est la qualité qui distingue aussi extérieurement les enfants de Dieu des créatures inférieures ?

2. Pourquoi manque-t-on souvent de propreté, et comment doit-on s'y prendre pour en faire reconnaître la nécessité à une jeune enfant ?

3. Pourquoi la propreté est-elle indispensable ?

4. Pourquoi la propreté est-elle une preuve de respect pour ceux qui nous entourent, et que fait-on quand on va rendre une visite à quelqu'un ?

5. Si l'on passait la journée avec un supérieur, un représentant de l'autorité, comment s'efforcerait-on de rester en sa présence ?

6. Pour qui doit-on avoir plus de respect que pour les hommes, et qu'oublie-t-on quand on est malpropre ?

7. Racontez la rencontre que fit un jour une Inspectrice.

8. Qui ne devez-vous pas imiter ?

9. Suffit-il qu'une jeune fille, pour être propre, ait soin de sa personne ?

10. Quelle leçon essentielle les maîtresses donnent-elles chaque jour ?

11. Quel est le moyen de faire durer ses effets longtemps ?

12. Quels soins faut-il prendre de ses livres ?

13. Comment Paul se présenta-t-il un jour à l'examen ?

14. Quelle fut la punition du peu de soin qu'il avait eu de son livre ?

QUATRIÈME ENTRETIEN

Aimer Dieu et ses semblables.

DEVOIR QUI RENFERME TOUS LES AUTRES ICI-BAS; PREMIÈRE CONDITION DU BONHEUR.

> Vous aimerez le Seigneur votre Dieu de tout votre cœur... Vous aimerez votre prochain comme vous-même.
> (Saint MATTHIEU.)

Ainsi que nous l'avons dit dans un précédent entretien, quand nous entrons pour la première fois dans une maison, mes enfants, nous jugeons d'abord ce qui est extérieur ; un regard nous suffit pour voir si l'ordre, la bonne tenue, la propreté, règnent en ce logis, et, lorsque nous trouvons ces trois qualités réunies, nous sommes déjà très-favorablement impressionnées à l'égard de la personne que nous venons visiter ; mais, avant d'avoir causé avec elle, nous ne pouvons pas savoir ce qu'elle pense, ni par conséquent nous permettre de juger son caractère ou ses sentiments.

De même quand nous retrouvons un ami d'enfance et qu'il nous paraît avoir conservé les bons sentiments de sa jeunesse, nous sommes disposées à le croire toujours digne de notre affection : or, s'il cherche à nous parler mal de la religion, de ses parents, de ses maîtres, de ses amis, de ses connaissances, de tout le monde enfin ; — quel est notre étonnement !

Comment, dirons-nous en nous-mêmes, cet ami si bon est-il devenu si méchant ? que s'est-il donc passé pendant notre séparation ? autrefois il aimait Dieu, ses parents, ses maîtres, il ne parlait jamais mal de personne, et à présent c'est tout le contraire ! d'où vient donc que son cœur ait ainsi changé !

Si vous ne devinez pas, chères enfants, ce qui a pu causer ce triste changement, je vais vous le dire :

Ce pauvre ami a rencontré sur sa route des âmes perverses, des gens méchants, qui ont cherché à l'entraîner dans la voie du mal, et n'y ont que trop bien réussi, en lui faisant oublier les deux conditions du bonheur ici-bas : aimer Dieu et faire le bien à ses semblables, divin précepte que je vais chercher à vous expliquer.

Voyons, Juliette, examinez avec moi comment on aime Dieu, puisque c'est notre premier devoir et le principe de tous les autres.

Dites-moi d'abord, chère petite, que signifie le mot devoir ? que faut-il faire quand on *doit* ?

Il faut rendre, me répondez-vous.

C'est juste. Ainsi, à vos yeux, *devoir* signifie être obligé de rendre.

Comprenez bien cette explication, chère Juliette, car sur elle repose notre leçon tout entière.

Supposons qu'une de vos voisines, vous voyant un jour d'hiver partir sans manteau pour l'école, vos livres et vos cahiers sous le bras, vous dise :

« Comment, Juliette, vous allez n classe sans manteau,

mais il fait bien froid, pauvre enfant, attendez, j'en ai un dont ma fille ne se sert pas en ce moment, je vais vous le prêter ; mais, quand elle en aura besoin, vous me le rendrez. »

Vous remerciez, bien entendu, votre bonne voisine, et, profitant de son obligeance, vous vous servez tous les jours de son manteau, oubliant même si bien qu'il ne vous appartient pas, que vous ne renouvelez jamais vos remercîments à l'excellente voisine qui vous a rendu service ; mais si après un certain temps cette voisine vient vous dire :

« Je suis bien fâchée, Juliette, je ne puis pas vous laisser le manteau plus longtemps, j'en ai besoin ; voulez-vous me le rendre, s'il vous plaît ? »

Avez-vous le droit de répondre :

« Non, je ne veux pas vous le rendre, tant pis si vous en avez besoin ; ce manteau m'est très-utile et je le garde.

— Comment ! répondrait la voisine, mais je ne vous l'ai pas donné ; je vous l'ai prêté seulement, ce qui est bien différent ; vous n'avez pas le droit de le garder. »

Ne feriez-vous pas une mauvaise action en refusant de rendre ce qui ne vous appartient pas ?

Si, Madame, dites-vous, car mon devoir est de le rendre, en remerciant ma voisine de me l'avoir prêté si longtemps.

Très-bien ! mon enfant, mais auriez-vous encore le droit de lui dire :

« Pourquoi donc voulez-vous votre manteau? A quoi vous sert-il? Il m'est plus utile qu'à vous, je ne comprends pas pourquoi vous refusez de me le laisser. »

Non, chère petite, vous n'avez qu'une chose à faire, c'est de rendre ce vêtement, puisqu'il ne vous a été que prêté, en vous excusant de ne pas l'avoir rendu plus tôt.

Eh bien! Juliette, puisque devoir, c'est être obligé de rendre, qu'est-ce que Dieu nous prête pour l'aimer? Il nous prête une âme, n'est-ce pas?

Mais pourquoi dit-on que Dieu prête, me demanderez-vous? est-ce qu'il ne donne pas, au contraire?

Non, mes enfants bien chéries, il ne nous donne pas puisqu'il reprend, quand nous nous y attendons le moins, ce dont nous sommes si fières, et que nous n'avons pas le droit de lui refuser ce qu'il demande.

Si dans la nuit, Juliette, Dieu venait vous dire :

« Enfant, rends-moi ton âme, remonte vers moi, quitte le séjour de l'épreuve! »

Pourriez-vous lui répondre :

« Non, mon Dieu, je ne veux pas vous rendre mon âme, je ne veux pas mourir, je veux rester encore sur la terre. »

Hélas! dites-vous, je ne le sais que trop, il aurait fallu obéir, rendre à Dieu ce qu'il m'a prêté, et le matin, comme ils le faisaient jusque-là chaque jour, mes yeux ne se seraient point ouverts, puisque mon âme n'aurait plus fait mouvoir les ressorts de mon corps.

Vous voyez donc bien alors, chères enfants, que tous les jours, c'est par la volonté de Dieu que vous ouvrez les yeux, et que vous vivez.

Mais pourquoi ce bon Père, en nous donnant la vie, nous a-t-il aussi donné une étincelle de son amour?

Parce que tout autre amour que le sien eût été trop faible pour aimer un Dieu si grand et si parfait.

Quel est donc notre premier devoir au moment du réveil?

C'est de lui rendre ce qu'il nous prête, son amour; car,

si nous n'avons pas le droit de refuser de rendre à notre
semblable ce qu'il nous a prêté, comment pourrions-nous
ne pas rendre à Dieu ce que nous lui devons ?

Tous les matins, faisons donc hommage à Dieu de notre amour comme s'il disait à chacun de nous :

« Je te laisse encore ton âme pour m'aimer ; mais sou-
« viens-toi que je n'accepterai ton amour que lorsqu'il
« aura passé sur la terre dans le cœur de tous mes enfants
« qui sont tes parents, tes supérieurs, tes frères, tes sœurs,
« tes amis, tes ennemis même. Ne fais donc souffrir au-
« cun d'eux, si tu veux que ton amour puisse passer dans
« leurs cœurs, car il ne pourrait entrer dans celui que
« tu rendrais malheureux, soit en disant du mal, soit en
« manquant de respect, de bonté, de reconnaissance, de
« générosité, de douceur, d'humilité, etc., etc. »

Comment ! me direz-vous, chères enfants, pour aimer
Dieu, il ne suffit pas de prier matin et soir, de faire de
bonnes lectures et d'aller à l'église ?

Non, mes chères petites, des prières seules ne suffisent
pas pour prouver à Dieu notre amour ; ce serait un amour
trop facile, si nous ne pratiquions pas les vertus qui font le
bonheur de ceux qui nous entourent.

Écoutez à ce sujet une comparaison bien simple :

Par exemple, Juliette, vous avez une amie de votre mère,
qui demeure dans la même maison que vous ; chaque matin, vous allez lui demander de ses nouvelles en l'embrassant, puis vous lui répétez que vous l'aimez sincèrement,
et cela avec les paroles les plus douces et les plus affectueuses ; en la quittant, vous lui promettez de revenir le
soir l'embrasser.

Cette amie, que nous nommerons Henriette, trop franche

elle-même pour douter de la sincérité de vos paroles, croit alors à votre affection ; mais supposons qu'elle ait plusieurs enfants, et qu'à la fin de la journée ces enfants viennent l'une après l'autre lui dire :

L'une :

« Maman, Juliette m'a pincée ; j'ai le bras tout noir, regarde. »

Une autre :

« Maman, Juliette m'a jeté un livre à la tête et m'a fait beaucoup de mal. »

Une troisième :

« Juliette m'a déchiré ma robe avec colère, puis elle m'a fait tomber, etc.

— Comment ! s'écriera alors Henriette très-étonnée, c'est Juliette qui vous a fait tout ce mal !... Juliette, ma petite amie ? Oh ! cela n'est pas possible !... c'est une autre jeune fille portant le même nom...

— Si, chère maman, répondront les enfants, c'est bien la même Juliette qui vient te voir, celle que tu embrasses tous les jours...

— Alors, pensera Henriette, le cœur péniblement affecté, je ne la verrai plus..... Elle n'osera pas venir demain me répéter qu'elle m'aime... »

Mais le lendemain, Juliette, vous revenez avec la même assurance, avec les mêmes protestations que la veille, répéter à Henriette que vous l'aimez.

« Comment ! vous dira alors l'amie de votre mère, vous osez m'assurer que vous m'aimez, et vous n'êtes occupée qu'à faire souffrir mes chères enfants durant toute la journée ? Pauvres petites !... je ne vous demande pas de les aimer autant que je les aime, ce n'est pas possible, car je

suis leur mère ; mais je vous demande, et c'est mon droit,
de ne pas les faire souffrir. Cessez donc de les tourmenter,
et vous pourrez venir après me dire que je vous suis chère ;
mais jusque-là, il me sera impossible de vous croire :
quand on aime la mère, on ne fait pas souffrir ses enfants..... »

Voilà ce que vous répondrait Henriette, n'est-ce pas,
chère Juliette ?

Eh bien ! le bon Dieu, qui est plus tendre que toutes
les mères ensemble, peut-il croire aux protestations
d'amour que vous lui faites dans vos prières, protestations
telles que celle-ci :

« Mon Dieu, je vous aime de tout mon cœur, de toute
« mon âme, de toutes mes forces, et j'aime mon prochain
« comme moi-même pour l'amour de vous. »

Quand vous n'êtes occupée tous les jours qu'à faire
souffrir votre bonne mère par la désobéissance et l'ingratitude ; votre maîtresse, par la paresse et l'entêtement ; vos
compagnes, par le manque de bonté, de douceur, de charité, de générosité, etc.

Est-ce que votre mère, votre maîtresse, vos jeunes
compagnes, ne sont pas les enfants de Dieu comme vous ?

Est-ce que les faire souffrir ainsi, c'est prouver à leur
Père céleste que vous l'aimez ?

Non, n'est-ce pas, enfants chéries ! Vous comprenez que
ce ne serait pas possible, et que, pour aimer Dieu, il faut
le lui prouver en aimant tous ses enfants, et que, pour
aimer ses enfants, il faut acquérir les qualités et les vertus
qui les rendent heureux, en corrigeant en vous tous les
défauts contraires qui les font souffrir.

Mais, pour en revenir à la comparaison que nous avons

déjà faite plus haut, demandez-vous quelle serait, au contraire, l'opinion d'Henriette sur une autre de ses amies,
Marie, par exemple, si ses enfants venaient lui dire un
autre jour :

L'une :

« Maman, si tu savais combien Marie est bonne, et
comme je l'aime !

— Marie ! qu'a-t-elle donc fait de si extraordinaire ?
demaderait la mère avec surprise.

— Elle a eu la patience de me faire apprendre mon catéchisme à la récréation, et je l'ai répété comme jamais
je ne l'avais fait jusque-là ; aussi ma maîtresse a-t-elle été
bien contente de moi, je t'assure. »

L'autre :

« Maman, devine un peu ce que la chère Marie a fait
pour moi !... elle est si bonne !

— Mais qu'a-t-elle donc fait ?

— Eh bien ! pendant la récréation, en jouant un peu
trop fort, j'avais déchiré ma robe, et, pour m'empêcher
d'être grondée par toi, Marie a demandé la permission de
me la raccommoder au moment de la leçon d'ouvrage.
Regarde, bonne mère, comme sa reprise est bien faite !
Tu peux à peine la distinguer, n'est-ce pas ? Oh ! comme
j'ai embrassé de bon cœur cette chère Marie pour sa
peine ! »

Une troisième viendrait dire à son tour :

« Quand tu sauras, maman, ce qu'a fait Marie, tu verras
si elle mérite d'être aimée !... Figure-toi qu'aujourd'hui,
pendant la classe, j'ai eu le malheur de commettre une
faute assez grave, pour laquelle ma maîtresse m'a infligé
une punition ; tout à coup Marie s'est levée pour demander

ma grâce, mais, ne l'ayant pas obtenue, sais-tu ce qu'elle a fait ?... En bien ! elle a offert d'être punie à ma place !... Alors ma maîtresse a été si touchée de tant de dévouement, qu'elle n'a pas pu résister plus longtemps, et j'ai été pardonnée. Est-il possible, dis-moi, bonne mère, d'être meilleure que Marie ?

— Non, assurément, répondrait la mère. Mais de quelle Marie me parles-tu donc? Est-ce de ma petite amie ?

— Oui, chère maman, c'est celle que tu embrasses tous les jours.

— Ah ! s'écrierait alors la mère tout émue, cette conduite de Marie ne m'étonne pas du tout; car elle m'aime tant, qu'elle doit aimer mes enfants. Aussi, quand elle viendra ce soir, je l'embrasserai avec bonheur pour la remercier de ses bontés pour vous. »

Et quand Marie se présenterait devant Henriette, comment celle-ci la recevrait-elle ? En la voyant, elle lui tendrait les bras avec tendresse, et lui dirait d'une voix attendrie : « Je croyais déjà à votre affection, ma chère Marie, mais à présent que je sais combien vous êtes sincèrement bonne pour mes chères enfants, j'en suis bien plus sûre encore, car, lorsqu'on aime les enfants, on aime doublement leur mère. » Et elle presserait affectueusement Marie sur son cœur.

Eh bien ! mes chères amies, ainsi que cette tendre mère, Dieu, infiniment plus tendre encore, peut-il douter de votre amour quand il voit en vous des enfants respectueuses, soumises et reconnaissantes; des élèves appliquées, prévenantes, attentives, aimables ; des amies obligeantes, douces, patientes, généreuses ?

Non, car il vous aura vues, du haut du ciel, rendre ses

enfants heureux sur la terre, ses enfants pour lesquels il a une tendresse si grande qu'il les a rachetés de son sang! Aussi il croira à votre amour quand vous lui direz le soir en élevant votre pensée vers lui:

« Mon Dieu, je vous aime de tout mon cœur, de toute « mon âme, de toutes mes forces!... »

QUESTIONNAIRE.

1. Que jugeons-nous d'abord quand nous entrons pour la première fois dans une maison?

2. Que penserions-nous d'un ami que nous aurions connu très-bon dans son enfance, et qui dirait du mal de tout le monde étant devenu grand?

3. Quelles sont les deux conditions du bonheur ici-bas?

4. Que signifie le mot devoir? Citez l'exemple du manteau prêté, et que devrait faire Juliette?

5. Pourquoi dit-on que Dieu prête? est-il permis de lui refuser notre âme quand il la redemande?

6. Par quelle volonté ouvrons-nous chaque jour les yeux, et que nous prête Dieu au réveil?

7. Par quels cœurs faut-il que notre amour passe avant d'arriver jusqu'à Dieu?

8. Suffit-il, pour prouver à Dieu qu'on l'aime, de le prier matin et soir, de faire de bonnes lectures et d'aller souvent à l'église?

9. Racontez l'exemple d'Henriette, et pourquoi elle douterait de l'amitié de Juliette?

10. Que lui dirait-elle quand son amie viendrait avec de belles paroles lui dire qu'elle l'aime?

11. Dieu peut-il croire à nos prières quand nous faisons souffrir nos parents, nos maîtres, nos amis?

12. Comment peut-on faire souffrir ses parents, ses maîtres, ses amis?

13. Que faut-il donc faire pour prouver à Dieu qu'on l'aime?

14. Que faut-il faire pour aimer tous les enfants de Dieu?

15. Citez les différentes preuves de l'amitié de Marie pour Henriette à l'égard de ses enfants.

16. Comment Henriette recevrait-elle Marie le jour où elle aurait été aimable, obligeante et généreuse pour ses enfants?

17. Quand on aime les enfants, comment aime-t-on la mère?

18. Comment les enfants doivent-ils se conduire tous les jours pour que Dieu croie à leurs protestations d'amour dans leurs prières?

CINQUIÈME ENTRETIEN

Aimer tous ses semblables sans exception.

> Mes petits enfants, aimez-vous les uns les autres. (Saint JEAN.)

Avant d'examiner ensemble les qualités et les vertus indispensables au véritable amour dû au Créateur, voyons d'abord s'il faut aimer seulement tous les enfants de Dieu qui pensent comme nous, c'est-à-dire qui ont été élevés dans la même religion.

Non, mes chères amies, il faut aimer tous les enfants de Dieu, sans distinction de culte ni de croyances, et, s'il vous est pénible de ne pas les voir s'agenouiller au pied des mêmes autels que vous, c'est une raison de plus pour vous montrer toujours bonnes et charitables envers eux en vous souvenant que nous sommes tous les enfants d'un même Père, qui s'est réservé le droit de nous juger, et nous a prescrit *de nous aimer pour lui prouver notre amour.*

L'Évangile ne dit pas :

Vous vous jugerez les uns les autres ; mais il répète sans cesse : « Vous vous aimerez les uns les autres. »

Aimons-nous donc, mes chères enfants, c'est si doux et si beau !...

Un jour, nous paraîtrons devant Dieu pour être jugés par lui, suivant que nous aurons été fidèles aux deux conditions du bonheur : « Aimer Dieu et faire du bien à nos semblables. »

Supposons, enfants chéries, que l'une de vous soit de religion différente, Annette, par exemple, et que Dieu lui demande :

« Pourquoi donc, Annette, n'avez-vous aimé sur la terre que ceux de votre croyance ?

— Seigneur, répondrait-elle, c'est parce qu'ils pensaient comme moi, qu'ils étaient de ma religion, que je les regardais comme mes frères, tandis que les autres...

— Les autres, répondra Dieu, n'étaient-ils pas mes enfants ? étiez-vous chargée de les juger ? Non, je vous avais demandé seulement de les aimer ; vous ne l'avez pas fait ; vous n'avez donc pas aimé le Père de famille, puisque vous n'avez pas su aimer tous ses enfants sans exception. »

Le véritable moyen de prouver que nous sommes dans le vrai, c'est d'avoir au cœur plus de charité que tous ceux qui ne pensent pas comme nous ; ce n'est point par le manque de charité qu'on ramène à la vérité, c'est par l'amour ; ne l'oubliez jamais, chères enfants !

Quels sont encore sur la terre les enfants préférés du bon Dieu, qu'il faut aimer surtout pour lui témoigner notre amour ?

Écoutez cette comparaison :

Dans une famille où il y a plusieurs enfants, si l'un d'eux est né infirme, repoussant même, par suite d'une maladie cruelle, n'est-ce pas celui-là que le père et la mère aimeront le mieux ?... Oui, chères amies, parce qu'ils comprendront, ces bons parents, que ce pauvre petit être a besoin de plus de tendresse de leur part, pour le dédommager de toutes les privations que son triste état peut lui imposer.

Eh bien, chères amies, si vous allez faire une visite d'affection à cette famille, et qu'en entrant vous fassiez attention à tous les enfants, excepté au petit infirme, combien vous blesserez le cœur de ses malheureux parents, car vous leur ferez sentir plus vivement encore la douloureuse position de leur cher enfant.

Au contraire, si, avant d'embrasser les enfants qui se portent bien, vous vous approchez d'abord avec intérêt du pauvre petit infirme en demandant par exemple à sa bonne mère :

« Comment va le petit Georges aujourd'hui? il me semble qu'il est moins pâle? Oui, il se fortifie ; vous verrez, bonne mère, qu'en grandissant, Dieu le rendra fort et beau comme vos autres enfants; espérez, Dieu est si bon! etc., etc... »

Oh! mes amies, que ces paroles d'espérance feront de bien au cœur de la pauvre mère ! comme elle vous aimera, en pensant que vous aimez aussi son enfant malheureux !

Eh bien, quels sont ici-bas les enfants de Dieu qui souffrent, quels sont les affligés, les infortunés qui, ainsi que son divin Fils, arrivent sur la terre dénués de tout?

Ce sont les pauvres, qui sont les enfants bien-aimés de Dieu, et quand nous jetons un regard de bonté sur eux, quand nous les aimons, ah! de même que la pauvre mère, Dieu, bien plus tendre encore, croit davantage à notre amour!

Les pauvres sont les enfants bien-aimés de la divine Providence, parce qu'elle les envoie sur cette terre sans leur prêter tout ce qui pourrait les y attacher et leur faire oublier le ciel, leur seule espérance.

Elle leur dit : « Vous gagnerez le bonheur parfait en « m'aimant et en vous résignant à ma volonté sainte. »

Et si le pauvre sait dire le matin au réveil :

« Mon Dieu, je sais qu'un bon père n'éprouve jamais ses « enfants au delà de leurs forces; je sais que le travail et « la douleur sont la loi de l'humanité, je me résigne d'a- « vance à toutes les épreuves que vous m'enverrez aujour- « d'hui, et je vous demande seulement le courage aussi « grand que la douleur. Ne me quittez pas, mon Dieu; « avec vous, la misère ne sera jamais impossible à suppor- « ter, car vous êtes le maître absolu de tous les biens ici- « bas, et vous ne refuserez pas à votre pauvre enfant le pain « de chaque jour. »

Si le pauvre donc savait prier ainsi, non-seulement sa misère serait toujours supportable, mais, en quittant cette terre d'expiation, au même instant, pour lui, le ciel s'ou- vrirait, gagné par sa filiale résignation à la volonté du Père céleste, et par les mérites de notre divin Sauveur.

Les riches, au contraire, sont envoyés ici-bas pour ga- gner le bonheur en faisant un noble usage des biens que Dieu leur prête; ils sont les instruments dont il se sert pour secourir ses enfants de prédilection.

Mais qu'arrive-t-il trop souvent, hélas?...

Que la fortune, les honneurs, la gloire, attachent les riches à la terre et leur font oublier le ciel, leur vraie pa- trie.

Par exemple, l'esprit du mal, le démon de l'orgueil et du luxe, souffle un jour à une grande dame ces pa- roles :

« Tu devrais bien acheter des bijoux plus à la mode que ceux que tu possèdes; tu devrais aussi changer l'ameublement de ton salon, qui n'est plus de la première fraîcheur; tu devrais encore donner un dîner aussi beau que celui qu'a donné ta cousine. Tu distribueras cette année un peu moins d'argent aux pauvres, car après tout cette fortune est à toi, tu peux bien en disposer à ta guise, etc., etc. »

Et ce langage tentateur est malheureusement écouté : la mondaine oublie l'usage que Dieu lui a prescrit de faire de ses richesses; elle prend sur la part des pauvres pour satisfaire sa vanité, sa coquetterie, son luxe, et elle perd le ciel avec ce que Dieu lui avait prêté pour le gagner...

Le pauvre a aussi sa tentation, c'est de se révolter contre son sort sans en comprendre le privilége divin; alors, plutôt que de se soumettre à Dieu avec résignation, il ose lui dire dans sa détresse :

« Pourquoi donc, moi aussi, ne suis-je pas né riche comme l'est mon voisin, et n'ai-je pas comme lui des honneurs, de la gloire?... Que vous ai-je fait pour être aussi malheureux? »

L'orgueilleux!... comme s'il avait le droit d'interroger celui qui dispense à son gré le bien et les épreuves de cette vie.

Puis, quelques instants après, oubliant ses paroles de révolte, il demande à Dieu de lui venir en aide, et il s'étonne de ne pas être exaucé par lui.

C'est à peu près comme si un sujet insoumis allait dire à son souverain :

« Pourquoi ne suis-je pas près de Votre Majesté? Que vous ai-je fait pour n'être pas à votre cour? Pourquoi êtes-vous aussi injuste à mon égard? Ah! vous n'êtes pas mon souverain! vous n'êtes que mon tyran! etc., etc... »

Et qu'aussitôt après ce langage insensé, il ajoutât :

« Sire, je vous en conjure, daignez m'accorder une position plus heureuse et me venir en aide dans mes épreuves! »

Que répondrait naturellement le souverain?

« Comment! à l'instant même où vous vous révoltez contre moi, où vous m'accusez d'injustice et de tyrannie, vous me priez de vous accorder ma protection? Mais, avant de vous exaucer, il faut au moins que je sois certain de votre soumission : je dois donc vous éprouver avant de vous accorder cette grâce, et alors, si je reconnais que vous êtes devenu un sujet bon, dévoué et fidèle, je vous tendrai la main d'un père, etc., etc. »

Voilà précisément ce que Dieu demande à tous ses enfants sur la terre, une soumission entière à sa divine volonté, et, quand nous y sommes parvenus, la récompense qu'il nous accorde est la fin des épreuves. Ainsi cette récompense sera, soit la réalisation de l'espérance que nous avions d'obtenir une position plus heureuse, soit un événement qui change notre destinée et que Dieu seul pouvait susciter.

Mais, en vous demandant d'aimer tous ses enfants icibas, Dieu n'exige pas que ce soit au même degré les uns que les autres. Ainsi, de même que cette amie, nommée Henriette, dont nous avons parlé plus haut, ne s'étonnerait pas que vous aimassiez davantage sa fille aînée, par exemple, qui serait aimable, bonne, douce, patiente, pieuse; ou son plus jeune fils, qui serait poli, sincère, reconnaissant, juste et généreux; de même aussi Dieu ne s'étonnera pas que vous aimiez d'un amour plus tendre vos chers parents qui travaillent pour vous, qui souffrent de vos douleurs, et qui, lorsque vous êtes malades, passent les nuits pour vous soigner. Au contraire, mes enfants, il vous en fait un devoir sacré dans ses commandements; il en est de même pour vos frères, vos sœurs, vos amis et vos supérieurs spirituels et temporels, qu'il a chargés de vous conduire et de vous protéger!

Oh! aimez-les bien, tous ces chers êtres que Dieu a placés près de vous; mais que cela ne vous empêche pas de garder dans votre cœur une part d'amour pour tous les autres enfants de Dieu, même pour ses enfants inconnus des lointaines contrées, afin de ne pas entendre un jour ces paroles foudroyantes :

« Je ne vous connais plus, vous qui avez rencontré sur « la terre des cœurs que vous n'avez pas aimés, et dans « lesquels votre amour n'a pas pu passer pour monter « jusqu'à moi. Cette mère que vous avez rendue si mal- « heureuse par votre ingratitude, l'aimiez-vous?... Non, « et votre amour s'est arrêté sur son cœur, sans parve- « nir jusqu'au ciel. Cette sœur à qui vous avez donné « l'exemple de la paresse et de la désobéissance, l'aimiez- « vous? Non, votre amour s'est encore arrêté sur son « cœur. Et cette amie, dont vous médisiez sans cesse dans « vos conversations, l'aimiez-vous, pour en dire tant de « mal? Non! eh bien! éloignez-vous donc, vous ne m'avez « jamais aimé, puisque vous n'avez pas su aimer tous mes « enfants par amour pour leur Père. »

Quelle sentence terrible serait celle-là, mes chères enfants! Ah! ne la méritons jamais, et pour cela aimonsnous, comme notre Père céleste nous le demande, en ne faisant tous qu'un cœur et qu'une âme par la charité.

Vous voyez bien, mes amies, qu'on a raison de vous dire que le devoir de rendre à Dieu l'amour qu'il nous prête résume tous les autres devoirs, puisque nous ne pouvons pas l'aimer en faisant souffrir même le dernier de ses enfants, en manquant de reconnaissance envers nos parents, de respect et de fidélité envers l'autorité et de bonté envers tous...

Écoutez ces paroles remarquables qu'une bonne mère adressait à son fils :

« Mon cher enfant, je n'ai qu'un devoir à t'apprendre, car il renferme tous les autres : c'est comment on aime Dieu. Une fois que tu l'auras compris, Dieu lui-même se fera ton maître pour tous les autres devoirs, et il ne pourra pas permettre que, l'aimant d'un filial amour, tu sois fils ingrat pour ta mère, sujet rebelle, méchant ami, serviteur infidèle, et., etc. Non, ce n'est pas possible, car ce serait supposer Dieu capable d'enseigner le mal à son enfant! »

Je vous ai dit plus haut que les deux conditions du bonheur étaient d'aimer Dieu et de faire le bien. Faire le bien pour vous, mes amies, c'est obéir comme je vais vous l'apprendre, et je vous expliquerai ensuite les vertus et les qualités qu'il faut acquérir pour contribuer au bonheur des enfants de Dieu, c'est-à-dire pour les aimer comme Dieu veut que nous les aimions.

QUESTIONNAIRE.

1. Faut-il aimer seulement les enfants de Dieu qui sont de la même religion que nous ?

2. Quel droit notre Père céleste s'est-il seul réservé, et lequel nous a-t-il laissé ?

3. Que nous a-t-il dit dans son saint Évangile ?

4. Quel est le véritable moyen de prouver que nous sommes dans la vérité ? est-ce par le manque de charité qu'on ramène à ses croyances ?

5. Quels sont sur la terre les enfants préférés de Dieu ?

6. Pourquoi Dieu croit-il à notre amour quand nous aimons les pauvres ? Citez la comparaison du pauvre enfant infirme.

7. Pourquoi les pauvres sont-ils les enfants bien-aimés de Dieu ? quelle ressemblance ont-ils avec son divin Fils ?

8. Dites la prière que le pauvre résigné doit faire chaque jour, et comment il gagne le ciel.

9. Comment les riches peuvent-ils gagner le bonheur ici-bas ?

10. Quels sont les conseils que l'esprit du mal donne aux riches ? que leur arrive-t-il s'ils les écoutent ?

11. Quelle est la situation du pauvre ? Citez l'exemple d'un sujet rebelle et la réponse du souverain.

12. Qu'est-ce que Dieu demande à tous ses enfants sur la terre, et quelle en est la récompense ?

13. Dieu exige-t-il qu'on aime tous ses enfants au même degré et d'une égale tendresse ?

14. Citez l'exemple d'Henriette, la mère de famille ?

15. Quels sont ceux qu'on doit aimer le plus après Dieu, et pourquoi ?

16. Que dira un jour Dieu à ceux qui n'auront pas aimé tous ses enfants sur la terre ?

17. Que faut-il faire pour ne pas mériter la sentence terrible que Dieu prononcera contre ceux qui ne l'auront pas aimé en aimant tous ses enfants ?

18. Rapportez les paroles remarquables qu'une mère adressait à son fils en lui parlant de ses devoirs ?

SIXIÈME ENTRETIEN

Faire le bien, pour l'enfant, c'est obéir.

SECONDE OBLIGATION POUR ÊTRE HEUREUX ICI-BAS.

> Enfants, obéissez à vos parents dans le Seigneur, car cela est juste. (Saint PAUL.)
> Presque tous les devoirs des enfants se résument dans l'obéissance.
> (CORNEILLE.)

Comment, mes jeunes amies, pourrez-vous remplir à votre âge la seconde obligation qui doit vous conduire au bonheur? quel bien pouvez-vous faire?... pouvez-vous donc travailler déjà pour aider vos bons parents et leur gagner le pain de chaque jour? pouvez-vous aller soigner les malades ou visiter les pauvres pour les consoler ?

Non, chères amies, pour tout cela vous êtes trop faibles et trop ignorantes.

Quel bien pouvez-vous donc faire? me demanderez-vous.

Apprenez donc que dès votre plus tendre enfance le bien vous est déjà possible.

Mais alors, me demanderez-vous encore, qu'est-ce donc que ce bien-là?

Le bien que l'on exige de vous, chères enfants, est renfermé dans un seul mot facile à comprendre ; voyons,

Mathilde, par quelle volonté allez-vous en classe le matin?

Par la volonté de Dieu, me répondez-vous.

Sans doute, chère petite, rien ne doit se faire que par sa divine volonté; mais qui a été ce matin son interpète près de vous? qui vous a dit de vous rendre en classe? Ce sont mes parents, ajoutez-vous.

Très-bien. Avez-vous obéi à leur ordre ou vous y êtes-vous montrée rétive, c'est-à-dire avez-vous tardé à vous rendre à la classe?

J'ai obéi, dites-vous.

En êtes-vous bien certaine, mon enfant? Si cela est réellement, vous avez fait tout le bien que Dieu peut vous demander; car vous êtes encore trop jeune ou trop peu instruite pour savoir tout ce qui est bien et le faire, tout ce qui est mal et l'éviter; vous avez besoin qu'on vous dise à chaque instant: « Fais ceci, c'est bien; mais ne fais pas cela, c'est mal. »

Quand vous obéissez, que faites-vous, chère Mathilde?

Je fais le bien, me direz-vous.

Sans nul doute, mon enfant; et quand vous désobéissez?

Je fais le mal, répondrez-vous encore.

Est-ce donc le mal qui est la seconde condition du bonheur?

Non, répliquerez-vous, c'est le bien.

Ainsi, vous comprenez, chères amies, que faire le bien pour vous est renfermé dans ce seul mot : *obéir ;* mais obéir promptement et sans murmurer, comme l'a fait Abraham dont vous connaissez toutes l'admirable soumission.

Lorsque Dieu lui ordonna de lui immoler son fils unique Isaac, est-ce qu'il se permit, avant d'obéir, de répondre : « Que me demandez-vous, Seigneur? vous voulez que je vous sacrifie mon seul fils? Mais cela n'est pas possible ; jamais je ne pourrai le faire, etc., etc. »

Avez-vous lu dans votre Histoire sainte qu'il répondit ainsi?

— Non, n'est-ce-pas, mes chères amies? car, sans chercher à connaître les desseins de Dieu, sans se permettre de murmurer contre sa volonté sainte, Abraham ne comprit qu'une chose : Dieu commande, il doit être obéi. C'est ce qu'il fit immédiatement en chargeant son fils du bois de son sacrifice et en l'attachant lui-même sur le bûcher où il devait le frapper.

Alors vous vous rappelez comment Dieu, satisfait de l'obéissance de son fidèle serviteur, envoya un ange pour arrêter son bras, et quelle récompense il lui promit.

« Abraham, lui dit-il, je multiplierai ta race comme les « étoiles du ciel, comme le sable de la mer, et toutes les « nations seront bénies en Celui qui sortira de toi, parce « que tu as obéi à ma voix. »

Vous le voyez, mes chères enfants, cet ordre n'était qu'une épreuve à laquelle Dieu avait voulu soumettre son serviteur pour s'assurer de son obéissance, et, s'il eût hésité un seul instant ou murmuré, il en eût perdu tout le fruit et n'eût pas mérité la magnifique récompense que Dieu lui accorda.

Souvenez-vous donc, mes chères amies, que, pour que votre obéissance ait aux yeux de Dieu le mérite du bien qu'il vous demande, il faut qu'elle soit prompte et humble comme celle du saint patriarche.

Dans votre ignorance, vous ne comprenez pas toujours pourquoi l'on vous commande telle ou telle chose, et souvent même vous vous permettez de dire tout bas :

« A quoi cela sert-il? à quoi cela peut-il être bon? Je ne me servirai jamais de cette science, c'est du temps perdu, etc., etc. »

Et plus tard, quand l'éducation vous a éclairées, vous vous dites, chères amies, en vous servant de cette même connaissance que vous aviez jugée inutile dans votre ignorance d'enfant :

« Combien mes parents et mes maîtres ont eu raison de m'obliger à apprendre ce qui m'est d'une si grande utilité aujourd'hui; qu'ils ont bien fait de ne pas écouter tous mes murmures et toutes mes objections d'ignorante ! »

Dites-vous toujours aussi que vos parents et vos maîtresses ont de bonnes raisons pour commander, que vous les comprendrez plus tard, que votre seul devoir, *c'est d'obéir*, et que, chaque fois que vous obéissez, vous avez autant de mérite aux yeux de votre Père céleste que si vous passiez les nuits à soigner les malades ou à travailler comme pourraient le faire vos parents et vos maîtresses.

Le seul bien qu'on vous demande à vous, enfants, c'est d'obéir, et, lorsque vous obéissez sans faire répéter deux fois la même chose à vos parents ou à vos maîtresses; vous envoyez une bonne action au ciel sur les ailes de votre ange gardien.

C'est ainsi que l'ange disait à Tobie : « J'ai présenté tes œuvres au trône de Dieu comme un encens agréable. »

Écoutez à ce sujet le calcul qu'une jeune fille peut

faire le soir avant de s'endormir. Nous la laisserons parler :

« Combien de bonnes actions ai-je envoyées au ciel aujourd'hui? Ce matin, ma bonne mère m'a dit : Fais le ménage, prépare le déjeuner, habille ta petite sœur, fais-lui faire sa prière : à tous ces ordres j'ai obéi sans la forcer à redire plusieurs fois la même chose : voilà donc quatre bonnes actions que mon bon ange a emportées au ciel.

« A la classe du matin, nous avons fait quatre exercices différents, la lecture, la récitation des leçons, l'écriture et le calcul ; j'ai obéi tout de suite à ma maîtresse : quatre et quatre, huit bonnes actions.

« Quand je suis revenue à onze heures à la maison, ma bonne mère m'a envoyée faire une commission ; j'avais bien faim, et j'ai eu l'envie de murmurer ; mais heureusement que Dieu m'a donné le courage d'obéir tout de suite. Après mon retour, mon père aussi m'a commandé quelque chose qui m'ennuyait un peu à faire ; pourtant j'ai encore obéi, ce qui fait deux bonnes actions ajoutées aux huit précédentes : total, dix.

« A la classe du soir, nous avons fait six exercices différents ; ai-je obéi toutes les fois ?

« Hélas ! non ; pour la conjugaison orale, j'ai fait répéter deux fois ma maîtresse, qui me disait de commencer.

« Quel malheur ! sur six bonnes actions, j'en ai perdu une, il en reste cinq, et dix font quinze.

« A la maison, après le dîner, ma mère m'a dit encore :

« Enlève le couvert ; balaye la chambre ; couche ta petite sœur ; apporte du charbon pour le poêle ; viens raccommoder la blouse de ton petit frère.

« Ai-je obéi chaque fois sans murmurer?

« Oui; cela fait donc vingt bonnes actions que mon ange gardien a emportées vers Dieu qui m'en récompensera un jour, vingt bonnes actions, qui ont racheté mes fautes et qui m'aideront, je l'espère, à gagner le ciel; car c'est avec le bien qu'on le mérite, et, comme ma chère maîtresse me l'a appris, le bien, à mon âge, *c'est obéir.* »

Ah! chères enfants, si vous compreniez bien le mérite de l'obéissance, vous seriez fières d'obéir et vous désireriez qu'on vous commandât toutes les cinq minutes quelque travail différent, afin d'avoir l'occasion d'envoyer douze bonnes actions par heure au ciel.

Plus tard, vous verrez que les bonnes actions ne seront pas si faciles à faire, car Dieu vous demandera ce qu'il nous demande à nous : de commander à votre tour, et de faire le bien que font vos bons parents et vos chères maîtresses.

Profitez donc de l'âge où ces petites actions méritantes peuvent être si nombreuses, et envoyez-en chaque jour un grand nombre au ciel, pour qu'au jugement dernier elles l'emportent sur vos fautes dans la balance où Dieu les pèsera, et que par ce bien, amassé dans votre enfance, vous puissiez être sauvées pour l'éternité.

O mes enfants bien-aimés, comprenez-vous à présent tout l'intérêt que vous avez à obéir?...

Plus tard, quand vous serez devenues grandes, quel sera le bien que Dieu vous demandera?

Ce sera, comme nous vous le disions il y a un instant, celui de savoir bien commander à votre tour, c'est-à-dire de n'exiger de ceux qui vous seront soumis que des choses possibles utiles, et justes.

Mais, dites-moi, si vous n'avez pas appris à obéir, comment pourrez-vous commander ou enseigner l'obéissance à d'autres? si vous n'aviez jamais appris à écrire, pourriez-vous donner des leçons d'écriture?

Non, certainement, me répondrez-vous. Eh bien! alors, comprenez donc que, pour savoir commander un jour comme le font vos parents et vos maîtresses, il faut d'abord faire ce qu'ils ont fait à votre âge : *obéir !*

C'est parce que les grandes personnes ont obéi étant jeunes, qu'elles sont maintenant capables de commander le bien et de défendre le mal.

Écoutez maintenant comment une maîtresse s'y prit une fois pour reconnaître quelles étaient les élèves les plus obéissantes de sa classe, et à quelle épreuve elle les soumit.

En donnant la leçon d'Histoire sainte, elle ajouta quelques pages de plus que de coutume, et avança l'heure de la récitation.

Aussitôt plusieurs élèves se permirent de murmurer.

« Oh! que c'est long ce qu'on nous donne! c'est trop difficile !... Apprendre tant que cela! je ne le pourrai jamais. Et toi, Julie?— Et toi, Louise, sauras-tu ta leçon?

— Oh! mon Dieu, non, » répondirent celles qui furent ainsi interpellées.

Quelques-unes, et faut-il le dire, ce fut le petit nombre, ne firent entendre aucun murmure; comme Abraham, elles ne comprirent qu'une chose : — obéir, — et se mirent à étudier avec la plus grande application, sans perdre leur temps à trouver la leçon trop longue.

Quand le moment de réciter fut venu, la maîtresse dit à ses élèves:

« Mes enfants, j'ai voulu connaître les plus obéissantes parmi vous, et je vous ai soumises à une petite épreuve en vous donnant une leçon plus longue qu'à l'ordinaire. Celles qui n'ont pas murmuré et qui n'ont pensé qu'à obéir ont fait comme ce modèle d'obéissance que Dieu nous donne dans l'Histoire sainte. Aussi les noms de ces chères enfants seront inscrits au tableau d'honneur et proclamés à la distribution des prix devant notre vénérable pasteur, qui sera bien fier de ses chères petites brebis, et devant leurs bons parents, pour lesquels ce moment sera la récompense de toute leur sollicitude et de tous leurs soins. »

Vous devinez, chères amies, quels furent les regrets et la confusion des élèves qui avaient murmuré, et qui, loin d'être obéissantes, n'avaient songé qu'à ne pas exécuter les ordres de leur maîtresse. Elles prirent de bonnes résolutions et se promirent qu'à l'avenir elles suivraient l'exemple que leur avaient donné leurs studieuses compagnes, afin de mériter à leur tour une autre fois la même récompense.

QUESTIONNAIRE.

1. Pourquoi les enfants ne peuvent-ils pas faire le même bien que leurs parents et leurs maîtres ?

2. Que font les enfants quand ils désobéissent à leurs parents ? est-ce le bien ou le mal ?

3. Qu'est-ce donc que faire le bien pour les enfants ?

4. Pour que l'obéissance soit le bien que Dieu exige des enfants, quelle est celle qu'ils doivent prendre pour modèle ?

5. Racontez l'histoire d'Abraham, et dites s'il murmura avant d'obéir à Dieu ?

6. Comment les enfants ne comprennent-ils pas pourquoi on leur fait faire souvent des choses qui leur paraissent inutiles ?

7. Que disent-ils quand, plus grands, ils sont éclairés par l'éducation ?

8. Que fait un enfant chaque fois qu'il obéit ; quel mérite a-t-il aux yeux de Dieu ?

9. Quelles peuvent être les bonnes actions d'un enfant, et faites le calcul de celles d'une jeune fille dans une journée ?

10. Que faut-il faire pendant l'enfance pour envoyer beaucoup de bonnes actions au ciel afin de racheter le mal par le bien ?

11. Quand les enfants seront grands, quel sera le bien que Dieu leur demandera, et, s'ils n'ont pas appris à obéir, pourront-ils enseigner l'obéissance à d'autres ?

12. Sans avoir appris à écrire, peut-on donner des leçons d'écriture ? en est-il de même de l'obéissance ?

13. Racontez comment une institutrice s'y prit un jour pour connaître les élèves les plus obéissantes de sa classe ?

14. A qui avaient ressemblé les élèves qui avaient obéi promptement et sans murmurer, et quelle fut leur récompense ?

15. Quelle résolution prirent les désobéissantes ?

SEPTIÈME ENTRETIEN

Politesse, exactitude, affabilité, amabilité.

La politesse fait paraître l'homme au dehors comme il devrait être intérieurement...
          (LA BRUYÈRE.)

§ I

Que de fois, mes chères amies, on vous entend dire entre vous :

« Oh ! c'est bien peu poli ce que tu fais là ! tu n'es guère aimable, aujourd'hui... Qu'as-tu donc ? etc. »

Si vos maîtresses vous demandaient alors :

« Qu'entendez-vous par ces mots : polie, aimable ? » vous seriez peut-être très-embarrassées de répondre, du moins je le crains.

Aussi nous vous conseillons, mes chères amies, de n'employer en aucun cas un mot dont vous ne sachiez pas bien comprendre la valeur. Priez d'abord vos chers parents, vos bonnes maîtresses, de vous l'expliquer, et jamais ils ne vous refuseront ; c'est ainsi que vous vous servirez de l'intelligence que Dieu vous prête pour comprendre le bien afin de le pratiquer, et que vous cesserez de ressembler à des poupées mécaniques auxquelles, par le moyen de ressorts, on ferait prononcer les mots : politesse, exactitude, affabilité, amabilité, prévenance, obligeance, etc., sans pouvoir en exiger la signification, puisqu'à une machine on ne peut demander qu'une action mécanique, tandis qu'à vous, enfants de Dieu, on peut toujours faire comprendre tout ce qui se rapporte aux deux conditions du bonheur ici-bas. Sachez-le bien, notre Père céleste ne vous a refusé à aucune la dose d'intelligence nécessaire pour comprendre comment on l'aime et comment on fait le bien; autrement, il serait injuste d'exiger que vous lui rendissiez ce qu'il ne vous aurait pas prêté. Et, vous le savez, chères enfants, Dieu ne peut pas être injuste.

Presque toujours, mes petites amies, ce n'est que par ignorance que vous manquez de toutes les qualités et de toutes les vertus dont nous allons parler, et voici pourquoi :

Vous comprenez bien que, pour savoir écrire ou pour parvenir à faire un calcul, quel qu'il soit, il faut auparavant qu'on vous explique ce que c'est qu'un calcul et qu'on vous enseigne comment il faut vous y prendre; sans cela, vous ne pourriez réussir, n'est-ce pas ?

Eh bien! mes chères amies, il est tout aussi difficile d'acquérir la politesse, l'exactitude, l'affabilité, l'amabilité, la prévenance, la charité, la bonté, etc., si vous ne connaissez pas ces qualités.

Encore une fois, chères enfants, ne soyez jamais semblables à des machines dans lesquelles on ferait entrer des mots qui n'y laisseraient aucune empreinte, mais demandez à vos maîtresses les instructions nécessaires pour acquérir les qualités que vous pourrez distinguer dans vos amies de classe. Enfin, habituez-vous à remarquer tout ce qui est bien pour l'imiter; voilà comment vous prouverez à Dieu que vous l'aimez réellement.

La véritable politesse, que l'on peut appeler le reflet de la bonté, consiste à marquer de la bienveillance à ceux qui vous entourent et à montrer ainsi l'enfant de Dieu tel au dehors qu'il doit être intérieurement.

On peut admettre deux sortes de politesses : celle des manières, dont l'exactitude fait partie, et celle de l'esprit, de l'humeur, du caractère, qu'on appelle affabilité, amabilité.

Ainsi, par exemple, voici parmi vous ma petite Julie qui manque de politesse : elle vient de me dire :

« Ah ! ça m'ennuie beaucoup de vous entendre parler; aurez-vous donc bientôt fini ? »

Trouvez-vous qu'il soit poli d'agir ainsi vis-à-vis d'une personne qui vous aime et qui vous parle pour vous instruire ?

« Oh ! non, me répondez-vous, mais nous n'avons pas entendu dire cela à Julie; elle n'a pas même prononcé un seul mot. »

C'est vrai, mes chères amies; mais il n'est pas toujours nécessaire de parler pour se faire comprendre, voyez plutôt : si je me retourne du côté de Julie en lui faisant un signe de la main que vous connaissez toutes, que fait-elle? Elle vient près de moi, n'est-ce pas ? Je n'ai rien dit pourtant, et elle m'a comprise.

Eh bien! de même que nous avons des signes qui veulent dire : Venez vers moi ou éloignez-vous, de même *bâiller* sans mettre la main devant sa bouche signifie : Allez-vous-en, vous m'ennuyez beaucoup, etc., etc.

Bâiller est un effet indépendant de notre volonté, effet produit souvent par la souffrance ou la fatigue des organes dont le Créateur ne nous a pas laissé la liberté; par exemple, il ne nous a pas permis de commander à notre cœur d'accélérer ou de ralentir ses mouvements, et à notre estomac de digérer selon notre bon plaisir : il a pensé que notre peu de raison compromettrait toujours ces organes essentiels à l'existence.

En effet, qu'arriverait-il si nous avions la liberté de faire digérer notre estomac à volonté? Les gourmands le feraient digérer à toute heure pour avoir le plaisir animal de manger plus souvent, et ils l'useraient beaucoup trop vite, ce qui les empêcherait de vivre longtemps.

Les causes les plus ordinaires du bâillement sont la fatigue, le besoin de sommeil, la faim, etc.; mais si Dieu ne nous a pas laissé, par prudence, la liberté de commander à nos organes intérieurs, il nous a laissé du moins le libre exercice de nos mouvements, et il a pensé que nous ne serions pas assez fous pour nous battre avec nos propres mains, et nous jeter dans l'eau à l'aide de nos jambes. Ainsi donc, nous pouvons toujours porter la main devant la bouche pour cacher ce vilain bâillement, quand nous le sentons venir, et, en agissant de la sorte, nous ne sommes plus impolis et nous ne disons à personne de s'en aller.

En voyant l'espèce d'étonnement qui paraît dans vos yeux en m'écoutant, je comprends maintenant que vous ne pensiez pas commettre une impolitesse toutes les fois que vous bâilliez sans porter immédiatement la main devant votre bouche; soit quand vous êtes dans votre famille, soit quand vous vous trouvez en classe, ou que vous écoutez un sermon.

Un autre exemple encore, mes chers enfants :

Quand vous venez à la classe, les vêtements en désordre, les cheveux ébouriffés, le visage et les mains malpropres, c'est comme si vous disiez, en entrant, à votre chère maîtresse :

« Madame, pour venir vous voir, je ne me suis pas donné la peine de m'occuper de ma tenue ; j'ai pensé que cela était inutile ; mais, si j'avais été voir une autre personne que vous, c'eût été tout à fait différent ; alors je me serais habillée avec plus de soin, etc. »

Que diraient vos compagnes si elles vous entendaient parler ainsi ? Elles vous trouveraient très-impolie, n'est-ce pas ? et elles auraient raison.

Eh bien, quand vous vous permettez de venir malpropres en classe, voilà ce que votre visage et vos mains disent pour vous, sans que vous ouvriez la bouche.

Que d'exemples on pourrait encore citer, chères enfants, pour mieux vous faire comprendre la politesse ! Ainsi ne pas écouter la personne qui vous parle, ne pas lu répondre ou l'interrompre au milieu d'une phrase, ne pas rendre le salut qu'on vous fait ou ne pas saluer vous-même quand vous le devez, ne pas céder le haut du pavé dans la rue aux vieillards et à toutes les personnes plus âgées que vous, etc., etc. : tout cela, ce sont des fautes contre la politesse.

<h2 style="text-align:center">§ II</h2>

L'exactitude est compagne de l'ordre.
(Mme W...)

Vous savez toutes, mes chères amies, ce que c'est que l'exactitude, et vous en manquez, par exemple, lorsque

vous arrivez trop tard à la classe. Que se passe-t-il alors?
Vous troublez l'ordre; vous interrompez la leçon commencée; vous mettez vos maîtresses dans la nécessité de
répéter ce qui a été déjà dit avant votre arrivée; tout cela
est-il poli, je vous le demande?

Non, n'est-ce pas? plus une personne est élevée par sa
position, plus elle doit apporter un soin minutieux à ne
pas oublier continuellement les heures du travail, des ré-
ceptions, des visites, etc., ce qui a fait dire autrefois que
l'exactitude était la politesse des rois.

Que ce soit aussi la vôtre, mes chères amies. N'en manquez jamais par votre faute, soit à l'église, soit chez vos
parents, soit en classe, soit encore chez vos amis, et n'oubliez pas que, chaque fois que vous entendrez dire de vous
que vous n'êtes pas exactes, ce sera comme si l'on vous
accusait de n'être pas polies et de manquer d'ordre, ce
qui est toujours une preuve d'un défaut d'éducation.

§§ III et IV

> L'affabilité est un sentiment qui naît de
> la tendresse et de la bonté du cœur.
> (MASSILLON, *Petit Carême.*)

Quant à la politesse d'humeur, de caractère, connue
sous les noms d'affabilité, d'amabilité, quelle différence
existe-t-il entre ces deux dernières qualités?

Avoir de l'affabilité ou être affable, c'est accueillir chacun avec un sourire, avec une bonne parole; c'est avoir
en soi quelque chose qui attire.

Par exemple, quand Louise dit si souvent pendant la
récréation à l'une ou à l'autre de ses compagnes :

« Oh ! que tu m'ennuies, laisse-moi donc tranquille ! »
Est-ce de l'affabilité cela?

Non, certes, répondrez-vous.

Attire-t-elle à elle par ces paroles?

Non, assurément, direz-vous encore ; ces compagnes s'éloignent d'elle au contraire, et bientôt la petite maussade se trouve seule à jouer, ce qui n'est pas amusant, et plus d'une fois elle en a fait l'expérience sans se rendre compte que c'était à son manque d'affabilité qu'elle devait son isolement; pauvre petite, espérons qu'elle se corrigera pour son bonheur.

Si vous avez entendu dire quelquefois à vos bons parents :

« Cette personne est charmante, elle a quelque chose qui la fait aimer, sa société plaît toujours, on regrette de la voir partir quand elle s'éloigne, etc. »

Avez-vous compris, chères enfants, pourquoi *elle* méritait tous ces éloges? Voyons à votre tour, Léontine, pouvez-vous me citer le nom d'une personne qui vous semble aimable parmi vos connaissances?

Je crois que j'en connais une, Madame; ainsi, toutes les fois que ma cousine Sophie vient nous voir, chacun veut causer avec elle, parce qu'elle a toujours des choses gracieuses à dire, et puis elle fait tout son possible pour s'occuper de ses amies, elle n'en oublie pas une seule dans la distribution de ses bons sourires et de ses charmants regards; il me semble que tout cela doit s'appeler de l'amabilité?

Vous avez raison, ma chère enfant, et je ne saurais mieux faire que de vous engager à imiter votre aimable cousine.

5.

L'affabilité et l'amabilité diffèrent en ce que cette dernière est souvent inspirée par les personnes qui nous entourent et que nous aimons ou à qui nous voulons plaire ; ainsi on peut être très-aimable quand la société plaît ou ne pas l'être lorsqu'on se trouve avec des personnes qui ne sont sympathiques ni par le cœur ni par l'esprit ; au contraire, l'affabilité ne connaît ni caprice ni inégalité d'humeur, de caractère ; elle accueille indistinctement supérieurs, égaux ou inférieurs, avec le même sourire et le même empressement. Pourtant, il est difficile d'être l'un sans l'autre ; aussi efforcez-vous, chères amies, de vous rendre à chacune le service de vous avertir quand vous manquez de politesse, d'exactitude, d'affabilité et d'amabilité, parce que ce sont là quatre preuves certaines d'une bonne éducation.

QUESTIONNAIRE.

1. A qui ressemblent les enfants quand ils emploient des mots sans en comprendre le sens ?

2. Dieu nous accorde-t-il à tous assez d'intelligence pour comprendre comment on l'aime et comment on fait le bien ?

3. Qu'est-ce que la politesse, et combien peut-on en admettre de sortes ?

4. En quoi l'action de bâiller sans mettre la main devant la bouche est-elle une impolitesse ?

5. Quelles sont les causes les plus ordinaires du bâillement et pourquoi ne pouvons-nous pas l'empêcher ?

6. Citez plusieurs autres exemples de manque de politesse ?

7. Qu'arrive-t-il quand une élève manque d'exactitude, et en quoi est-elle impolie ?

8. Que signifie le mot affabilité ?

9. Citez l'exemple de Louise quand elle manque d'affabilité.

10. Qu'est-ce que c'est que d'être aimable ? Citez un exemple.

11. Quelle différence existe-t-il entre l'affabilité et l'amabilité ?

12. Quelles sont les quatre preuves certaines d'une bonne éducation ?

HUITIÈME ENTRETIEN

Prévenance, complaisance, obligeance, charité.

> La charité est la première des vertus et le plus saint des devoirs. (Mgr PAVY.)
>
> La fin de la religion, l'âme des vertus, l'abrégé de la loi, c'est la charité.
> (BOSSUET.)
>
> La charité est la plus touchante des vertus ; c'est la sensibilité de l'âme mise au service de toutes les infortunes.
> (NADAULT DE BUFFON.)

§ I

Aller au-devant des désirs des autres et chercher à les satisfaire, c'est ce qu'on nomme de la prévenance ; voyons un peu, mes chères amies, quelle est celle parmi vous qui possède cette qualité charmante.

C'est la petite Berthe, me direz-vous.

Pourquoi donc Berthe plus qu'une autre ?

Parce qu'elle n'oublie jamais de cueillir chaque matin un bouquet pour sa maîtresse, sachant que celle-ci aime les fleurs, et aussi parce qu'elle s'empresse au moindre signe de lui offrir le livre ou le cahier dont elle a besoin ; puis, c'est encore elle qui pense à lui apporter le petit tabouret sur lequel elle doit poser les pieds ; en un mot, c'est Berthe, parce qu'elle ne laisse échapper aucune occasion d'aller au-devant des désirs, non-seulement de sa maîtresse, mais de ses compagnes.

Votre réponse est excellente, mes chères enfants, car elle montre que vous comprenez fort bien ce que c'est que la prévenance; voyons maintenant s'il en sera de même pour la complaisance.

Voulez-vous que je vous dise d'abord ce qu'un petit garçon a répondu à ce sujet dans une salle d'asile?

La directrice demandait à haute voix, en s'adressant à à tous :

« Qu'est-ce que la complaisance? »

Une petite voix répondit aussitôt :

« C'est la charité.

— Oh! dit la directrice un peu embarrassée, la charité, c'est bien autre chose...

— Mais, Madame, si ce n'est pas la charité, c'en est le commencement, » s'empressa de dire un petit moniteur, d'un ton assuré.

Et quelle définition pourrait être plus juste que celle de cet enfant qui avait six ans à peine : « La complaisance est le commencement de la charité? »

Eh bien! chères amies, quand vous savez vous rendre utiles à vos parents, à vos frères, à vos maîtres, même dans les plus petites choses, vous êtes complaisantes. Jeudi dernier, j'ai entendu Céline qui disait à sa sœur :

« Oh! tu n'es guère complaisante aujourd'hui! »

Qu'avait-elle donc fait pour mériter ce reproche?

Je vais vous le dire. Au moment de partir pour la promenade, elle avait refusé d'aller chercher le chapeau et le manteau de Céline, pendant que cette dernière était à la recherche d'un livre qu'elle avait égaré. Certainement c'était un bien petit service qui lui était demandé : aussi j'espère qu'une autre fois Lucile n'oubliera plus que la complaisance est le commencement de la charité.

§ II

L'obligeance se rapproche encore plus de la charité que la complaisance, et cela parce qu'elle consiste à savoir rendre des services qui coûtent plus d'efforts et de dévouement. Par exemple, une compagne vous prie de l'aider à finir un petit ouvrage qu'elle destine à sa mère pour sa fête ; il faudrait sacrifier une partie de votre récréation pour lui rendre ce service, et, ne vous en sentant pas le courage, vous refusez sèchement, sans réfléchir à toute la peine que vous faites à cette compagne.

Agir ainsi, est-ce de l'obligeance ?

Non, me répondez-vous.

Eh bien, Sophie, pouvez-vous me citer une personne obligeante parmi vos connaissances ?

Oui, Madame, dira Sophie, je vois souvent à la maison une demoiselle dont le bonheur est de rendre service, car elle le fait toujours avec empressement chaque fois qu'elle en trouve l'occasion. Une fois même j'ai entendu mes parents lui dire :

« Ne vous dérangez pas aujourd'hui, chère amie ; vous êtes si fatiguée, nous attendrons bien encore quelques jours sans nous inquiéter.

— Non, répondait-elle, il ne faut jamais remettre au lendemain le bien qu'on peut faire le jour même ; il n'est pas tard, je serai bientôt de retour, etc. »

Et rien ne pouvait la retenir. Aussi, après son départ, chacun disait :

« Mon Dieu ! quelle personne obligeante que cette demoiselle ! »

Voilà, Madame, pourquoi je crois pouvoir la citer comme exemple.

Et Sophie a raison, mes chères enfants, car la personne dont elle parle est véritablement obligeante.

Voici encore un autre trait d'obligeance bien digne d'éloge : Dans une importante maison d'éducation dont le siége est à Neuilly près Paris, il est d'usage que les élèves préparent pour l'époque de la distribution des prix quelque travail d'art ou quelque ouvrage à l'aiguille, chaque élève est consultée sur celui qu'elle désire exécuter. A l'interpellation qui lui est adressée pour qu'elle fasse connaître ses intentions, une des grandes élèves se hâte de répondre qu'elle se chargera de raccommoder le linge de ses petites compagnes. Pendant toute l'année elle a accompli sa promesse avec une ponctualité et un soin irréprochables, sans négliger en rien ses études. Aussi, pour la récompenser de sa persévérance et de son dévouement, la directrice de la maison a-t-elle voulu qu'un prix d'ordre fût donné à cette charmante enfant, Célina ***, « pour l'obligeance dont elle avait fait preuve en se chargeant de raccommoder les effets de ses petites compagnes. »

Cette distinction était si bien méritée et touchait si intimement le sentiment général que sa proclamation a été accueillie par d'unanimes et enthousiastes applaudissements.

Vous êtes sans doute du même avis, mes chères enfants, mais vous éprouverez encore plus de sympathie pour cette jeune fille, quand vous saurez qu'en choisissant cette modeste tâche elle avait encore pour but d'éviter à sa bonne mère les petites dépenses qu'il aurait fallu lui imposer, si elle eût demandé à faire un ouvrage de tapisserie ou tout autre du même genre.

§ III

Mais nous nous sommes peu à peu rapprochées de la vertu sublime où la prévenance, la complaisance et l'obligeance prennent leur source, c'est-à-dire de la charité.

Ah! pour définir cette vertu, la première de toutes, il faudrait pouvoir définir Dieu lui-même, puisqu'il est charité et amour. Disons seulement que la charité est la vertu par excellence, apportée sur la terre par Notre-Seigneur Jésus-Christ pour nous apprendre à nous aimer les uns les autres; et nous aimer devrait être le plus doux, le plus agréable et le plus facile des devoirs.

Eh quoi! est-ce que la charité n'est pas gravée dans le cœur de tous les enfants de Dieu! est-ce qu'il pourrait s'en trouver un seul où cette étincelle d'amour divin ne brillât pas?

Hélas! oui, mes chères amies, car la charité n'est pas suffisamment comprise, et trop souvent elle est remplacée en nous par son mortel ennemi, l'égoïsme, cette dangereuse paralysie de l'âme pour le bien.

La vraie charité ne consiste pas seulement en paroles, mais elle se manifeste surtout en actions; et elle ne donne pas simplement son superflu, mais elle s'impose des sacrifices pour soulager ceux qui souffrent et consoler ceux qui pleurent. En voici un exemple :

Un dimanche matin, avant de se rendre à l'église, une jeune fille, nommée Anaïs C***, déjeunait avec sa mère et son institutrice, toutes trois assises devant une table, quand tout à coup cette aimable enfant se lève, prend sa tasse de lait avec son petit pain et sort précipitamment de la salle à manger.

« « Que va-t-elle faire ? » se disent aussitôt avec étonnement les deux dames restées seules.

Quelques instants s'écoulent, et Anaïs reparaît avec sa tasse vide.

Aux questions que lui adresse sa bonne mère sur son absence si imprévue, elle répond simplement :

« J'ai entendu près de la porte de la cour un petit ramoneur qui demandait du pain, et je lui ai porté mon déjeuner.

— Mais tu n'as rien gardé pour toi, et tu sais bien qu'il nous faut partir sur l'heure, reprend la mère, le cœur joyeusement ému.

— Oh ! moi, je suis toujours bien sûre d'avoir mon second déjeuner à midi, et je mangerai un peu plus, voilà tout ; tandis que ce pauvre garçon n'aura peut-être rien à cette heure-là ! »

Quelle touchante et simple réponse ! n'est-elle pas remplie d'une abnégation admirable, abnégation qui est toujours la source d'une véritable charité ? Vous le voyez, cette chère petite s'impose une privation volontaire pour donner à celui qui demande, et le Père céleste fait inscrire au ciel ce premier sacrifice de la charité de son enfant.

Nous ne voulons pas entreprendre ici de vous raconter toutes les merveilles qu'opère la charité, car il y en a tant que ce serait une tâche fort difficile ; ce que nous désirons, c'est de vous en donner une idée assez juste pour que vous sachiez reconnaître chaque fois que vous en manquerez.

Cependant je ne puis pas résister au désir de vous raconter le trait sublime de charité accomplie par une jeune orpheline élevée dans un ouvroir de la petite ville de Valognes, l'une des plus agréables de l'ancien Cotentin en Normandie. Orpheline, élevée elle-même par charité, que pouvait-elle donner?

Vous allez voir quel moyen touchant et ingénieux elle sut trouver dans son cœur pour faire le bien et assurer l'avenir d'une de ses petites compagnes, tout comme aurait pu le faire une personne riche.

Dans la salle d'asile annexée à l'orphelinat se faisait remarquer par sa gentillesse une petite fille à peine âgée de trois ans, qui venait de perdre sa mère à la suite d'une longue maladie de poitrine.

Le pauvre père, simple ouvrier, qui restait veuf avec quatre autres enfants, atteint aussi de la maladie qui lui avait enlevé sa femme, vint trouver la bonne sœur qui dirigeait la salle d'asile et l'ouvroir pour la supplier de conserver sa petite fille dans la maison; il sentait, disait-il en versant des larmes, que sa fin n'était pas éloignée; malgré sa bonté, l'excellente sœur ne put que lui opposer le règlement qui ne permettait pas l'admission de sa fille, faute de place vacante dans la maison dont le complet était déjà dépassé. Le pauvre père se retira désespéré, et cependant au moment où il se sentait encore plus près de sa fin, il tenta une seconde démarche dont le résultat ne fut pas plus heureux et il mourut avec le chagrin de n'avoir pas pu assurer le sort de sa chère petite enfant, la dernière de la famille. Ce fut alors que la jeune fille dont je vous parle et que l'on pourrait appeler l'ange de la charité, n'écoutant que la voie de son cœur, vint trouver la bonne sœur supérieure, et lui proposa de lui donner quatre heures de son temps à l'ouvroir, si elle voulait garder dans la maison l'enfant du pauvre ouvrier. Touchée jusqu'au fond de l'âme d'un si beau mouvement, la supérieure s'écria qu'elle était désarmée, qu'il lui était impossible de résister plus longtemps et qu'elle recevait l'enfant comme orpheline, sous la condition que sa petite protectrice se chargerait de veiller sur elle et de lui servir de mère ; la jeune fille, vous n'en doutez pas, accepta avec bonheur cette mission, et depuis lors elle n'a pas cessé de prodiguer à la pauvre enfant tous les soins que peut inspirer la plus vive sollicitude maternelle.

C'est aussi exercer la charité que de prendre la défense des faibles, des opprimés. Je vais vous raconter, à ce sujet, ce qui se passait un jour dans l'école d'un pauvre village de France.

Une personne aimant beaucoup les enfants visitait cette école ; tout à coup, comme elle jetait un coup d'œil sur toutes les élèves, elle en remarqua une dont la mise indiquait une grande indigence à laquelle la maladie était venue s'associer : l'une amène presque toujours l'autre à sa suite ; cette pauvre petite avait mal aux yeux, et bientôt l'étrangère s'aperçut qu'elle ne possédait pas même un pauvre petit mouchoir de poche, car cette dame la vit essuyer ses yeux malades avec un vieux chiffon de laine noire qui lui servait de tablier.

A cette vue, l'esprit de charité de cette personne s'émut profondément, et le dialogue suivant s'établit entre elle et la maîtresse de la classe :

« L'ÉTRANGÈRE. — Que fait-on ici pour cette chère enfant qui a mal aux yeux ?

« LA MAITRESSE. — Oh ! Madame, n'y prenez pas garde, c'est une méchante qui ne veut rien faire du tout. »

A cette réponse, la bienfaisante dame surprit les regards dédaigneux que les autres élèves attachèrent aussitôt sur la pauvre petite délaissée, et elle comprit sur-le-champ que dans cette classe la charité n'était pas connue ; alors elle résolut d'en donner une leçon aux élèves : « Oh ! pardonnez-moi, Madame, dit-elle à la maîtresse, mais je crois que ce jugement est trop sévère ; cette chère petite ne doit pas être méchante, car dans ses yeux malades je lis seulement l'ignorance et non la méchanceté.

— Pourtant, si vous saviez, Madame, tout ce que j'ai tenté pour la corriger, reprit vivement la maîtresse de la classe, vous ne seriez pas aussi indulgente ; mais rien ne la touche ; ainsi, dernièrement, j'ai été même jusqu'à lui promettre un livre si elle était sage.

— Un livre !... s'écria la dame charitable. Donnez-lui donc plutôt un mouchoir de poche, car vous voyez bien qu'elle essuie ses yeux malades avec de la laine ! »

Puis, continuant à s'adresser aux élèves, elle leur expliqua que les pauvres sont les enfants chéris de Dieu, parce qu'ils sont comme les enfants infirmes dans une famille pour qui le père et la mère ont le plus de tendresse en raison de leur affliction.

« Savez-vous, s'écria-t-elle, qui dans cette classe est l'enfant bien-aimée de Dieu, son enfant préférée ? C'est cette chère petite qui souffre, dont les yeux font pitié, et cela parce qu'elle est la plus malheureuse de vous toutes ; aussi, est-ce la seule d'entre vous que je vais embrasser, persuadée que j'embrasserai en elle l'enfant favori du bon Dieu ! »

Et, en disant ces mots, l'étrangère s'approcha de la pauvre Gertrude qui était tremblante d'émotion. Certes, il fallait bien du courage pour embrasser ce pauvre petit être malheureux dont l'aspect était si malpropre et si repoussant ; mais que n'inspire pas la charité !

« Eh bien ! lui dit cette dame en voyant son trouble, ne veux-tu pas que je t'embrasse ?

— Oh ! si, Madame, » répondit la malheureuse enfant avec embarras ; et, levant ses yeux malades, elle jeta sur celle qui lui parlait avec tant de bonté un regard qui avait quelque chose de céleste.

Cette simple action produisit tant d'effet sur les compagnes de Gertrude, qu'à l'instant même leurs regards dédaigneux devinrent compatissants et semblèrent dire : « Nous n'eussions jamais cru que Gertrude fût l'enfant préférée de Dieu ! »

O pouvoir sublime de la charité pratique ! une seule action, quelque simple qu'elle soit, vaut mieux, pour la faire comprendre, que tous les plus éloquents discours !

Que de fois, chères enfants, vous manquez à la charité entre vous, surtout dans vos paroles pendant la récréation. Le plus souvent, nous le savons, c'est par légèreté, par étourderie, parce que vous ne réfléchissez pas à tout le mal que peut causer une seule parole contre la charité, que vous faites de méchants rapports contre vos compagnes, vos frères ou vos sœurs.

Rapporter !... quelle action contraire à la charité ! comme elle annonce toujours un manque de cœur et une mauvaise éducation...

Voici, par exemple, une petite scène qui se passe à une récréation de jeunes filles.

« Dis donc, Louise, vient dire tout bas Julie à une de ses compagnes de classe, Anna est bien sans gêne, va ! je l'ai vue, il y a un instant, qui ouvrait ton pupitre après avoir regardé si personne ne pouvait la voir.

— Pourquoi a-t-elle fait cela ? reprend Louise avec humeur.

— Ah ! mais je ne sais pas, répond la rapporteuse en s'éloignant ; je n'ai pas osé le lui demander.

— Comme cette vilaine Anna est curieuse !... dit Louise en elle-même ; je ne l'aurais pas crue capable d'aller regarder dans mon pupitre, elle, mon amie ! C'est égal, il faudra bien que je sache ce qu'elle y a fait ; la voici qui s'approche, je ne veux pas lui parler et je vais rentrer dans la classe pour visiter mon pupitre. »

Voilà donc ces paroles de la rapporteuse qui ont jeté du doute dans l'esprit de Louise sur l'amitié d'Anna. D'un autre côté, cette dernière, qui arrivait toute joyeuse auprès d'elle, ne comprend pas pourquoi son amie s'éloigne, car son cœur est incapable de supposer le mal ou de le faire supposer à d'autres.

Bientôt Louise revient avec précipitation et s'écrie en embrassant Anna :

« Oh ! merci, ma bonne amie !... Quelle jolie petite surprise j'ai trouvée dans mon pupitre ! quel charmant essuie-plume !... C'est sûr, il ne peut venir que de toi !... Cela me fait grand plaisir ! Aussi, je te demande pardon du fond du cœur...

— Comment donc sais-tu que ce petit cadeau vient de

moi? s'écrie Anna toute surprise, et pourquoi me demandes-tu pardon?

— Eh! mon Dieu, parce que, reprend Louise embarrassée, tout à l'heure j'ai cru trop légèrement une de mes compagnes qui est venue me rapporter qu'elle t'avait vue ouvrir mon pupitre, en t'accusant d'être sans gêne. Voilà pourquoi je me suis sauvée à ton approche; mais je me dis maintenant, ma bonne Anna, que c'est affreux d'être si prompte à supposer le mal, et qu'une vilaine rapporteuse est une petite fille bien coupable! Aussi, je t'en supplie, embrasse-moi encore pour me pardonner.

— Je ne te demande pas le nom de la rapporteuse, reprend Anna, car ce serait manquer aussi à la charité; seulement, pour toute vengeance, chère Louise, quand tu seras seule avec elle, engage-la à se corriger, en lui racontant combien ses suppositions ont été injustes et comme elles nous ont fait souffrir un instant toutes les deux.

— Je te le promets, chère Anna. Oh! comme tu comprends bien la charité, toi! et que je suis heureuse d'avoir une amie aussi bonne et aussi gentille! »

Il est inutile d'ajouter ce que vous devinez sans peine, mes chères enfants: c'est que la rapporteuse, qui n'avait agi, comme cela vous arrive trop souvent, que par ignorance du mal que pouvaient causer ses paroles légères, fut si touchée de la bonté avec laquelle Louise lui reprocha sa faute, tout en ménageant son amour-propre devant leurs autres compagnes, qu'elle s'efforça dès ce jour de se corriger de son manque de charité en paroles, autrement dit, de sa coupable habitude de rapporter.

C'est en évitant d'abord de blesser cette vertu sublime

entre vous, mes petites amies, que vous arriverez à ne la blesser jamais dans votre famille et dans le monde, où vous prendrez plus tard votre place ; et c'est alors aussi que vous pourrez mériter l'éloge suivant, qui pour nous en renferme beaucoup d'autres :

« Cette personne parle avec vivacité, disait un jour une dame à une de ses amies, et pourtant, chose étonnante, jamais elle ne laisse échapper un mot qui blesse la charité. Oh ! elle doit être bien bonne, n'est-ce pas ?

— C'est vrai, répondait l'amie, je n'en connais point de meilleure. »

Mais, pour le mériter, cet éloge, craignez de manquer à la charité dans les moindres paroles, dans les plus simples actions, car c'est en évitant les légères fautes, qu'on se préserve, d'en commettre de graves. Et, croyez-nous, c'est entre vous aussi que vous devez vous avertir de vos manques de charité, qui sont fréquents en raison de votre ignorance, de votre légèreté et de votre étourderie, mais qui le deviendront tous les jours moins, à mesure que l'éducation remplacera votre ignorance et que la raison corrigera cette légèreté et cette étourderie qui tiennent encore à votre âge.

Du reste, mes petites amies, l'esprit de charité, source de tout ce qui est noble et généreux, vient de Dieu seul ; c'est à lui qu'il faut le demander soir et matin, dans vos prières, et vous l'obtiendrez, n'en doutez jamais, si vous savez le demander avec persévérance.

QUESTIONNAIRE.

1. Qu'entend-on par la prévenance? Citez-en un exemple.

2. Qu'est-ce que la complaisance, et que répondit un jour un enfant de six ans à ce sujet?

3. Pourquoi Céline n'avait-elle pas été complaisante envers sa sœur?

4. En quoi consiste l'obligeance? Citez l'exemple d'une personne obligeante.

5. Racontez quel acte d'obligeance fit Céline.

6. Dans quelle vertu sublime la prévenance, la complaisance et l'obligeance prennent-elles leur source?

7. Comment définir la charité et que nous enseigne cette vertu par excellence?

8. Par quel mauvais sentiment la charité est-elle souvent remplacée dans nos cœurs?

9. Que fait la vraie charité? Racontez l'exemple d'Anaïs.

10. Racontez le beau trait de charité d'une orpheline.

11. Que se passa-t-il un jour dans une école de village, et pourquoi la charité n'y était-elle pas comprise?

12. Prouvez comment une simple action de charité fait mieux comprendre cette vertu que les plus beaux discours?

13. Quelle est la mauvaise action contraire à la charité, et que commettent souvent les jeunes enfants?

14. Racontez une petite scène qui se passa dans une pension de jeunes filles?

15. Quelle résolution prit Julie la rapporteuse?

16. Que faut-il faire dans l'enfance pour éviter de blesser la charité plus tard dans le monde?

17. Que faut-il faire pour mériter l'éloge qu'une dame faisait un jour d'une de ses amies?

18. Quelles sont les trois causes de manque de charité chez les enfants, et à qui faut-il demander cette vertu sublime soir et matin?

NEUVIÈME ENTRETIEN

Du respect pour les parents, les supérieurs, les vieillards et les ministres de la religion.

> Levez-vous devant celui qui a des cheveux blancs ; honorez la face du vieillard.
>
> (LÉVITIQUE.)
>
> Celui qui vous écoute m'écoute, celui qui vous méprise me méprise.
>
> (JÉSUS-CHRIST.)
>
> Honorez votre père et votre mère.
>
> (DÉCALOGUE.)
>
> L'enfant doit le respect à tous ses supérieurs. Les supérieurs pour un enfant sont toutes les personnes plus âgées que lui.
>
> (A. PINET, *Maximes, sentences.*)
>
> « L'amour des enfants pour leurs parents
> « est le principe de tout bien, le germe de
> « toutes les nobles qualités. »
>
> (CICÉRON.)

§ I

Nous vous avons déjà parlé, mes chères enfants, du respect que nous devons avoir pour notre corps, qui est le chef-d'œuvre du Créateur, et nous avons cherché à vous faire comprendre qu'il fallait l'entourer des soins extérieurs nécessaires à la conservation de ce magnifique ensemble de ressorts et de mécanismes que Dieu seul a le droit de détruire.

Le respect de soi-même consiste donc à soigner le corps ainsi que l'âme, comme les plus riches présents que nous ayons reçus du souverain Maître.

6

Ainsi, par exemple, quand, vous abandonnant à une coupable paresse, vous laissez votre visage s'enlaidir par la malpropreté ou le défaut de soins, avez-vous du respect pour votre corps?...

Non, n'est-il pas vrai?

Et quand, par l'ignorance encore et faute d'écouter vos parents ou vos maîtresses, vous remplacez les qualités et les vertus nécessaires pour aimer Dieu par de vilains défauts, est-ce aussi respecter votre âme, pour laquelle vous devriez craindre la moindre imperfection, comme on craint la plus légère tache sur un vêtement bien blanc?

C'est ce respect de nous-mêmes qui nous conduit tout naturellement à celui que nous devons à nos parents, à nos maîtres, à nos supérieurs, aux vieillards et aux ministres de notre sainte religion.

Ainsi, un enfant qui se respecte osera-t-il manquer de soumission et de déférence à l'égard de ses parents et répondre, comme tant de pauvres ignorants, lorsqu'on leur commande de faire quelque chose :

« Oh! que c'est ennuyeux!... D'abord, c'est trop difficile; aussi je ne veux pas le faire... etc.? »

Non, mes bonnes amies; et nous allons voir comment un enfant bien élevé donna un jour une leçon à un petit villageois qui n'avait pas encore eu le bonheur d'aller à l'école, et qui par conséquent ignorait tout, même le respect dont un divin commandement nous impose la loi, en nous disant : « Tes père et mère honoreras, afin de vivre longuement. »

Paul, gentil collégien de dix ans à peine, était depuis quelque temps en vacances chez ses parents, riches et honnêtes fermiers, lesquels avaient pour principe de recommander par-dessus toute chose aux maîtres de leur fils de cultiver le cœur de leur élève, et de ne rien négliger pour l'embellir de toutes les qualités et de toutes les vertus sans lesquelles l'instruction n'est qu'un don funeste, puisque seule elle ne sait produire que l'orgueil, la sottise, l'ambition et enfin l'égoïsme, ce hideux défaut que nous avons déjà signalé comme la dangereuse paralysie de l'âme pour le bien.

Un jour donc que Paul se promenait aux environs de la ferme et passait près d'une pauvre cabane, il aperçut un petit garçon qui cherchait à s'échapper des mains de sa mère ; celle-ci le retenait par sa blouse en lui disant :

« Reste donc près de moi, Joseph, je ne veux pas que tu sortes à présent.

— Tiens ! criait d'un ton maussade le petit désobéissant, pourquoi donc faut-il que je reste là ? ce n'est pas amusant !... J'aime bien mieux aller jouer avec Jean-Pierre qui m'attend près du moulin.

— Et c'est justement pour cela que je t'empêche de courir, reprenait la mère, car j'ai peur qu'il t'arrive un accident si près de l'eau ; je te le répète donc, je ne veux pas que tu ailles avec Jean-Pierre, qui passe dans le village pour un paresseux et un désobéissant.

— Hé bien ! qu'est-ce que ça me fait à moi !... je me moque de ce qu'on dit de lui ; d'abord il n'y a que de méchantes langues qui disent cela ; aussi j'irai tout de même, tant pis ! etc. »

Paul eut le cœur serré en entendant Joseph parler à sa mère avec si peu de respect.

« Ah ! le malheureux ! pensa-t-il, on ne lui a donc pas

encore appris ce que c'est que le respect qu'il doit à ses parents ! »

Et aussitôt il lui vint à l'idée d'emmener jouer le petit désobéissant, afin que chez lui il pût voir que la façon dont il parlait à sa mère était complétement opposée à celle dont il venait de parler à la sienne.

A peine demandée par Paul, la permission qu'il sollicitait lui fut accordée par la paysanne, qui connaissait les parents du jeune collégien, et qui de plus ne put résister au ton poli et respectueux avec lequel le gentil enfant lui avait adressé la parole.

Voici donc nos deux amis en route, et, quand ils arrivèrent à la ferme, Paul courut embrasser sa mère, en lui disant :

« Chère maman, voulez-vous bien me permettre, s'il vous plaît, d'aller jouer avec Joseph dans le petit enclos qui est derrière le bois, ça nous amuserait beaucoup ?

— Non, mon cher petit, répondit sa mère, cet enclos est près de l'étang, et j'aurais peur qu'il ne vous arrivât quelque accident.

— Alors, chère maman, où nous permettez-vous de jouer ? reprit Paul avec un grand respect, sans montrer la plus légère humeur.

— Dans le jardin, dit la fermière, et là vous pourrez cueillir des fruits tous les deux, fruits dont vous mangerez quelques-uns d'abord, puis tu en donneras à Joseph pour qu'il les porte à sa bonne mère.

— Merci, chère maman ; que vous êtes bonne ! » s'écria Paul en embrassant de nouveau la fermière ; puis, il fit signe à Joseph de le suivre.

Celui-ci paraissait tout confus, et Paul, qui en devinait

la raison, lui demanda, pendant qu'ils jouaient tous les deux, à quoi il pensait.

« Je pense, répondit Joseph, que vous êtes bien heureux d'avoir une maman qui vous aime tant, car elle ne vous refuse rien. ·

— Pourtant, reprit Paul, tu as bien entendu qu'elle m'a refusé la permission que je lui demandais d'aller jouer dans l'enclos.

— C'est vrai, mais elle vous a permis de jouer ailleurs, tandis que la mienne ne m'aurait rien permis du tout. Si vous ne lui aviez pas demandé de m'emmener avec vous, je ne serais pas sorti de toute la journée.

— Mais aussi, dit Paul, as-tu remarqué comment j'ai parlé à ma mère ? est-ce que je lui ai dit : C'est bien ennuyeux ?... tiens ! pourquoi n'irais-je pas dans l'enclos ?... Il n'y a pas de danger ; tant pis !... je veux y aller tout de même, etc.

— Oh ! pour cela non, monsieur Paul, vous lui avez au contraire demandé bien doucement la permission d'aller jouer ailleurs, et puis vous l'avez embrassée que cela faisait plaisir à voir.

— Eh bien ! Joseph, c'est toujours comme cela qu'il faut parler à nos chers parents ; nos maîtres nous disent qu'on appelle ce ton et ces manières-là le respect, et ils nous apprennent que Dieu bénit les enfants qui n'en manquent jamais envers leur père et mère ; c'est parce qu'on me l'a appris que je le sais ; car, sans cela, Joseph, dans mon ignorance, j'aurais parlé à ma mère comme tu as parlé à la tienne, en lui manquant de respect, et alors, au lieu d'obtenir ce que je lui demandais, elle me l'eût sans doute refusé pour me punir de ma méchante conduite

6.

envers elle. Comprends-tu maintenant ce que c'est que le respect qui est dû à nos parents?

— Je le crois bien, répondit Joseph tout honteux ; et, à dater d'aujourd'hui, je vais tâcher de parler comme vous à ma mère. Ah ! dame, elle sera bien étonnée la première fois ; elle croira que je ne suis plus son Joseph et ne me reconnaîtra peut-être pas, mais, comme je ne voudrais pourtant point répondre de ne pas lui manquer encore de respect, alors, si ça m'arrivait, qu'est-ce qu'il faudra donc que je fasse, monsieur Paul, puisque vous êtes si savant ?

— Tu feras ce qu'on m'a appris encore, répondit Paul en souriant, tu demanderas pardon à ta bonne mère, tu lui promettras de ne plus oublier le respect que tu lui dois, et sois sûr qu'elle te pardonnera toujours.

— Merci et adieu, monsieur Paul, je vais maintenant porter à maman ces beaux fruits que vous m'avez donnés, et je lui raconterai en même temps tout ce que vous m'avez appris ; comme elle va être contente ! »

Ne vous semble-t-il pas, chères amies, que le moyen employé par Paul a été très-ingénieux ?... D'abord, il ne laisse pas voir qu'il ait entendu Joseph mal répondre, afin de ne pas lui causer d'embarras, et il cherche à lui faire plaisir en obtenant de sa mère la permission de venir jouer avec lui, disposant ainsi le petit indocile à mieux l'écouter : puis, au lieu de lui expliquer avec des paroles souvent mal comprises ce que c'est que le respect dû à ses parents, il se sert d'abord de l'exemple pour lui en faire saisir le précepte.

§ II

Il en est de même du respect pour vos maîtresses, qui durant la classe remplacent vos chers parents. Quand vous êtes auprès d'elles, vous leur devez la même soumission et la même déférence ; et pourtant que de fois vous y manquez, mes pauvres petites amies ! C'est toujours par légèreté, j'en conviens ; et comme ces deux jeunes filles qui causaient un jour pendant la récréation, et dont l'une disait à l'autre :

« As-tu fini le devoir que notre maîtresse nous a donné ce matin ?

— Non pas encore, répondit la dernière ; ma foi, tant pis ! elle dira ce qu'elle voudra, je m'en moque.

— Oh ! prends garde, Pauline, car, si elle t'entendait, tu serais bien grondée ! »

Et elle aurait eu raison de gronder, la maîtresse ; car son élève, en parlant ainsi, commettait un manque de respect très-grave. Voilà pourtant, mes chères petites filles, ce à quoi la grande légèreté de votre âge ne vous donne pas le temps de réfléchir. Évitez donc avec soin, non-seulement les paroles, mais encore les plus petits actes qui pourraient porter atteinte au respect que vous devez à tous ceux qui sont revêtus d'un caractère d'autorité, et que vous appelez à juste titre vos supérieurs.

Par quelle volonté ont-ils reçu le pouvoir de vous commander ?

Par la volonté de Dieu, répondez-vous.

Sans doute, et s'il plaisait à Dieu de le leur retirer, ils auraient bientôt des successeurs ; vous comprenez donc bien, mes amies, que manquer de respect à ceux qui possèdent ici-bas l'autorité, quelle qu'elle soit, ou se révolter contre eux, c'est se révolter contre son créateur, par conséquent, c'est ne pas l'aimer; car aime-t-on quelqu'un quand on s'oppose à sa volonté?

Non, mes enfants, et la meilleure preuve d'amour que nous puissions donner, c'est d'obéir avec respect et sans murmurer en nous persuadant bien que nos parents ou nos supérieurs ne peuvent exiger de nous que des choses possibles et justes. Rapportons-nous-en donc à eux, et plaignons du fond de notre cœur ceux qui sont toujours prompts à se révolter contre l'autorité que Dieu seul prête et reprend à son gré.

§ III

Après nos parents et les représentants de l'autorité à qui nous devons la soumission, la déférence, les égards, quels sont encore ceux à qui nous devons du respect, et envers qui les enfants en manquent si souvent?

C'est aux vieillards, c'est-à-dire à ceux à qui de longues années ont donné l'expérience, et souvent de cruelles infirmités. En les voyant passer, qu'ils soient pauvres ou qu'ils soient riches, disons-nous : Voici des enfants du bon Dieu dont l'exil va bientôt finir; ces corps affaiblis, si forts autrefois, si jeunes, si beaux, vont être rendus à la terre; mais, en se brisant pour obéir à la mort, expiation du mal, ils rendront toute leur liberté à ces âmes qu'ils retenaient captives; dans peu de temps ces vieillards iront raconter à notre Père céleste comment nous avons adouci pour eux les derniers jours de l'exil. Oh! qu'ils ne puissent pas lui dire que nous leur avons manqué de respect en insultant par nos moqueries et nos railleries aux pénibles métamorphoses du plus bel ouvrage du Créateur; qu'ils lui racontent, au contraire, que nous les avons entourés de soumission, d'égards, de soins, et que nous avons fait pour eux tout ce que nous désirons qu'on fasse un jour pour nous, quand les années auront aussi blanchi nos cheveux, courbé notre corps et alourdi nos pas.

C'est encore, vous le voyez, mes chères amies, par ignorance que vous manquez de respect aux vieillards; vous ne savez pas tout ce qu'annoncent ces corps fatigués, courbés et disgracieux! Votre légèreté ne vous permet de juger que les apparences, et la moquerie arrive sur vos lèvres sans vous douter que votre cœur soit coupable. Vous ne réfléchissez pas qu'un jour vous passerez par les mêmes épreuves et qu'on vous traitera peut-être avec aussi peu de respect.

De grâce, mes enfants, ne vous exposez donc plus à vous faire juger méchants quand vous ne l'êtes pas; et, lorsque vous rencontrez des vieillards dans la rue, ne faites pas ce que nous avons vu faire à des écoliers au sortir de la classe.

Une pauvre femme âgée passait sur le trottoir, et, au lieu de se déranger pour lui faire place, les étourdis lui barraient le passage, s'amusant de son embarras; à la fin même ils se mirent à rire en se moquant d'elle, ce qui indigna tellement cette pauvre créature qu'elle les appela méchants enfants!

Aussitôt une dame qui passait, et se trouvait ainsi témoin de cette scène inconvenante, chercha à excuser les écoliers en disant assez haut pour qu'ils l'entendissent.

« Pardonnez-leur, Madame, ils ne sont pas méchants ; c'est par ignorance qu'ils se conduisent ainsi ; on ne leur a pas encore appris quel respect ils doivent à la vieillesse, et *les ignorants ne méritent que la pitié.* »

Ces paroles calmèrent aussitôt la pauvre vieille offensée, et si vous saviez, mes enfants, quel effet elles produisirent sur ces écoliers étourdis ! Ils se regardèrent avec confusion et cessèrent à l'instant leurs rires impertinents.

Espérons pour eux, mes enfants, que cette leçon a été bonne et qu'ils n'en auront jamais perdu le souvenir.

Ne laissez pas non plus échapper une seule occasion de témoigner votre respect aux vieillards ; par exemple, si dans une réunion vous vous apercevez qu'on les laisse seuls, allez au plus vite vous asseoir près d'eux : prévenez leurs moindres désirs, offrez-leur votre bras pour s'y appuyer, et, en échange de ces attentions, leur expérience vous instruira de tout ce qu'apprennent seulement les années, c'est-à-dire de savoir se prémunir contre plus d'un danger qui pourrait vous atteindre ; et puis, un jour, leur reconnaissance ira demander à Dieu que plus tard des enfants fassent pour vous, devenus vieillards à votre tour, ce que vous aurez fait pour eux dans votre enfance.

Quant au respect pour les ministres de la religion, celui-là résume tous les autres, car en manquer à leur égard, c'est offenser Dieu lui-même dont ils sont les interprètes. Celui qui ne respecte pas la religion ne peut avoir de respect ni pour lui-même, ni pour ses parents, ni pour l'autorité, ni pour les vieillards, et un acte aussi condamnable ne peut s'expliquer que par l'absence totale d'éducation, c'est-à-dire que par une complète ignorance.

Plaignons donc, mes chères enfants, ceux qui ne savent pas respecter les représentants de Dieu, et traitons-les avec indulgence, bonté, douceur, patience, comme nous traiterions des aveugles que la privation de la vue empêche de discerner les objets : souvenons-nous toujours aussi que les ignorants ont autant de droit à notre pitié qu'à l'immense miséricorde de celui qui ne leur demandera jamais au delà de ce qu'ils auront reçu...

QUESTIONNAIRE.

1. En quoi consiste le respect de soi-même ?

2. Que faut-il éviter pour ne manquer de respect ni envers son corps ni envers son âme ?

3. Qu'est-ce que le respect que l'on doit à ses parents, et quel est le commandement qui nous en impose l'obligation ?

4. Qu'est-ce que les parents du jeune Paul recommandaient particulièrement aux maîtres de leur fils ?

5. Comment Paul s'y prit-il un jour pour faire comprendre à un pauvre petit ignorant le respect dû à ses parents ?

6. Qu'arrive-t-il aux enfants qui ne manquent pas de respect à leurs parents ?

7. Que faut-il faire quand on a eu le malheur de manquer de respect envers sa mère ?

8. Le respect dû aux maîtres ressemble-t-il au respect qu'on doit aux parents, et pourquoi ?

9. Que fait-on quand on manque de respect envers ses supérieurs ? contre qui se révolte-t-on ?

10. Aime-t-on Dieu quand on se révolte contre sa volonté ?

11. Après les parents, les maîtres et les représentants de l'autorité, à qui devons-nous encore du respect ?

12. Qu'iront raconter les vieillards à Dieu, et que lui demanderont-ils pour les enfants respectueux envers eux ?

13. Pourquoi est-ce encore par ignorance que les enfants manquent de respect envers les vieillards ?

14. Racontez ce que des écoliers firent un jour en sortant de la classe ?

15. Quelle leçon leur donna une personne qui passait près d'eux dans la rue?

16. Que doivent faire les enfants qui se trouvent dans la société des vieillards ?

17. Quel est le respect qui résume tous les autres, et que fait-on quand on en manque?

18. Celui qui n'a pas de respect pour la religion peut-il en avoir pour les vieillards, pour l'autorité, pour ses parents?

19. Comment peut s'expliquer un acte aussi condamnable?

20. Comment faut-il traiter les malheureux qui manquent de respect envers la religion, et à qui faut-il les comparer?

21. De quoi doit-on toujours se souvenir à l'égard des ignorants?

DIXIÈME ENTRETIEN

Bonté, modestie, douceur, patience.

> La bonté assimile l'homme à la Divinité
> dont elle est le principal attribut.
>
> (BACON.)
>
> La douceur gagne l'amitié et modère la
> haine. (ECCLÉSIASTIQUE.)
>
> Bienheureux ceux qui sont doux.
>
> (Évangile selon saint MATTHIEU.)
>
> La parole douce amortit la colère comme
> l'eau éteint le feu.
>
> (Saint FRANÇOIS DE SALES.)
>
> Le caractère de la véritable vertu, c'est
> la modestie. (Mme DE GENLIS.)
>
> Il faut que la patience du chrétien ni ne
> se lasse ni ne s'étonne de rien.
>
> (Saint VINCENT DE PAUL.)

§ I

Au mot seul de bonté, je vous vois sourire, mes chères amies, et vous paraissez étonnées que l'éducation veuille vous expliquer une telle vertu.

Qui ne la comprend pas ? qui ne sait pas ce que signifie être bon ou bonne ? pensez-vous peut-être, dans votre ignorance du sens exact des mots que vous employez si souvent sans les comprendre.

Non, mes enfants, la bonté, comme la charité, d'où elle émane, n'est pas bien connue de vous ; voilà pourquoi la plupart du temps vous ne vous apercevez pas que vous en manquez.

Par exemple, Céline, quand vous refusez de faire ce que vos parents vous demandent ou que vous oubliez la reconnaissance que vous leur devez, leur faites-vous de la peine ou du plaisir ?

De la peine, me répondrez-vous.

Sans doute... Eh bien ! est-ce de la bonté que faire de la peine à vos parents ?

Non, évidemment ; et quand vous êtes entêtée ou paresseuse à la classe, à qui faites-vous de la peine ?

A votre maîtresse, direz-vous encore.

Est-ce donc de la bonté de faire souffrir sa maîtresse ? Non, n'est-ce pas ?

Et s'il vous arrive de brusquer une compagne et de lui dire sans réflexion qu'elle est une menteuse ou une rapporteuse, à qui faites-vous de la peine ? A votre compagne. Est-ce encore ici de la bonté ? Alors qu'est-ce donc que la bonté ?

Votre silence me prouve que vous ne comprenez pas ce mot aussi bien que vous le croyiez tout d'abord.

Beaucoup d'enfants et même de grandes personnes s'imaginent que la bonté consiste seulement à ne pas faire souffrir physiquement ses frères, ses sœurs, ses amies, c'est-à-dire à ne pas les frapper, ou bien à ne pas battre les animaux ; et les enfants ne croient pas du tout en manquer, quand ils désobéissent ou qu'ils sont entêtés, paresseux, emportés ; ils appellent cela désobéissance, entêtement, paresse, emportement ; mais, pensent-ils, cela n'a rien à faire avec la bonté.

Erreur que cela, mes enfants ! Car, est-ce que faire souffrir d'une manière ou de l'autre vos parents, vos maîtres, vos amis, peut s'appeler de la bonté ? Non, mes petites amies, mille fois non !

La bonté se révèle même dans un regard, dans un sourire, dans un geste, dans une parole, à plus forte raison dans une action. Il est bien rare que l'expression du visage n'en porte pas l'empreinte ; ce qui fait dire souvent, pour excuser un enfant :

« Comment a t-il pu commettre une aussi grave faute ? il a l'air si bon !... »

Oui, il a l'apparence de la bonté, et c'est faute de savoir, qu'il n'en a pas la réalité. Le pauvre petit n'a pas réfléchi à toute la peine qu'il allait causer à sa mère par sa désobéissance, et il s'est laissé entraîner dans le mal par sa légèreté. Plus tard, quand l'éducation l'aura éclairé, il comprendra combien il devait se faire supposer méchant par sa conduite, et son devoir alors sera de redoubler de bonté pour ses parents, afin de leur faire oublier les fautes de son ignorance.

D'après ce qui précède, qu'est-ce donc enfin que la bonté ? Répondez à votre tour, chère Céline : n'est-ce pas la vertu qui nous porte à travailler au bonheur de nos parents, de nos amis, en cherchant à leur être agréable et en évitant tout ce qui peut les faire souffrir ?

Oui, me répondez-vous.

Si nous vous demandions des exemples de cette vertu, vous n'hésiteriez pas à nous en citer beaucoup, n'est-ce pas ? Vous commenceriez sans doute par vos chers parents.

Pourquoi souriez-vous, chères amies ?... C'est que nous avons dit vrai. Car où trouverez-vous jamais plus de bonté que dans le cœur de votre mère ? C'est elle qui est ingénieuse à vous préserver de tout ce qui pourrait vous faire souffrir. Son regard ne semble-t-il pas être le reflet même de l'éternelle bonté ?...

En échange de sa tendresse, efforcez-vous donc de vous corriger de tous les défauts qui lui font tant de chagrin, afin de lui inspirer cette prière si touchante qui s'échappait chaque jour du cœur d'une bonne mère :

« Soyez béni, mon Dieu, vous qui m'avez donné des enfants si dociles aux conseils de leurs maîtres, si disposés à éviter tout ce qui peut faire de la peine aux autres... si bons, en un mot ! »

§ II

Quand nous savons bien nous rendre compte, mes chères amies, que tout est prêté par Dieu et qu'il peut tout nous reprendre, nous savons aussi qu'il ne faut pas tirer vanité de nos avantages extérieurs, de notre mémoire, de notre intelligence, de notre fortune ; agir autrement est encore une grande preuve d'ignorance, car nous ne pourrions le faire qu'en nous croyant les propriétaires des dons de Dieu, tandis que nous n'en sommes que les dépositaires, puisqu'il peut nous les redemander et nous les retirer à chaque instant, à toute heure, selon sa divine volonté.

Ne jamais tirer vanité de son savoir, — reconnaître le mérite des autres, — se dérober aux éloges au lieu de les rechercher : — voilà, mes petites amies, ce que nous appelons la modestie, vertu charmante, qui double toujours le prix du vrai mérite.

Une jeune fille de quinze ans (Juliette Dillon, née à Orléans en 1824, décédée à Paris le 8 août 1834), qui était parvenue au premier rang comme musicienne, répondait un jour avec une simplicité touchante à des personnes qui la félicitaient sur son talent, après l'avoir entendue jouer du piano :

« Je ne mérite pas tous ces éloges ; jamais enfant plus paresseuse que moi n'a exercé la patience de ses maîtres. Dieu et ma mère ont tout fait : Dieu en me prêtant l'intelligence, et ma mère en m'apprenant à m'en servir. C'est donc à eux seuls que sont dus vos éloges. »

Et cette réponse si modeste, mes chères amies, grandissait encore son talent, je vous assure, et inspirait à tous une plus vive admiration.

Celui qui parle pompeusement de ce qu'il croit savoir, qui est tranchant dans ses opinions, qui les soutient envers et contre tous, prouve encore qu'il sait fort peu de chose, et que le cercle qu'il a parcouru est bien étroit, puisqu'il n'a pas été effrayé de tout ce qu'il faut apprendre pour savoir un peu, et qu'il n'a même pas acquis cette heureuse défiance de soi-même, que le vrai mérite possède toujours, parce qu'il comprend ce que c'est que savoir et savoir bien surtout.

Outre la modestie de paroles, il y a encore celle du regard et du maintien, chères amies, qui doit être la plus belle parure des jeunes filles, qualité aimable dont vous manquez trop souvent, soit par étourderie, soit par ignorance ; quand vous marchez la tête trop relevée, les yeux prêts à se fixer sur les passants, qui, ne pouvant vous juger que d'après les apparences, disent de vous ce que deux dames se disaient un jour :

« Nous venons de rencontrer, à la promenade, des jeunes filles qui avaient un maintien bien peu convenable ; sans doute elles n'ont pas encore compris que la modestie est le plus bel ornement de leur âge.

— Pour le comprendre, répliquait l'autre, il faudrait d'abord qu'elles eussent appris ce qu'on entend par modestie, et je suis sûre que c'est par ignorance qu'elles en manquent, les pauvres enfants ! »

Pour ne pas vous attirer une telle pitié, mes petites amies, efforcez-vous de prouver par vos regards respectueux, par la décence de votre maintien, par vos paroles réservées, que vous possédez cette vertu qui ajoute tant de charmes à nos qualités et nous attire la sympathie de tous.

§ III

Il semble, mes enfants, que la compagne inséparable de la modestie soit la douceur, et que l'on ne puisse posséder l'une sans l'autre. En effet, cela nous paraît bien difficile ou, pour mieux dire, impossible. Cherchez donc, parmi vos compagnes ou vos amies, celles qui sont modestes, et vous reconnaîtrez bientôt qu'elles possèdent aussi cette vertu précieuse qui consiste dans l'égalité charmante de caractère qu'on apporte dans tous ses devoirs, dans le courage à supporter tous les défauts de ceux qui nous entourent, et cela sans aigreur, sans dédain, sans colère, en n'opposant point l'humeur à l'humeur, ni la violence à la violence!

Mais ne croyez pas que nous voulions vous parler ici de cette fausse douceur qu'on rencontre trop souvent dans le monde, et qui se revêt des apparences de la véritable, de cette douceur que la moindre déception irrite, que la plus légère contrariété fait évanouir. Ainsi telle personne, qui vous paraît douce quand vous la rencontrez chez vos parents, changerait bientôt de nature à vos yeux si vous pouviez l'observer dans sa famille, car vous la verriez se révoltant à la plus simple objection et à la première souffrance.

Ah ! cette douceur feinte est celle du monde et le masque de ces personnes qui sont douces, lorsque tout réussit selon leurs désirs, mais qui, aussitôt que le chagrin les visite, se dépouillent de cette vertu d'emprunt et reviennent à leur vrai caractère.

Il n'en est pas ainsi de la véritable douceur, car elle ne se lasse jamais, au contraire elle brille d'un plus vif éclat au milieu des contrariétés, des douleurs.

Celle-là vient de Dieu seul, mes amies, et c'est encore à lui qu'il faut la demander tous les jours, car n'est-ce pas lui qui est venu nous l'enseigner quand il a dit :

« Bienheureux ceux qui sont doux ! »

Ne voulez-vous donc pas, enfants, être aussi *bien heureuses* ici-bas ?

Oui, me répondrez-vous.

Alors exercez-vous donc à cette douceur inaltérable, qui forme avec la bonté et la modestie ce qu'on appelle un charmant caractère.

Vous savez toutes reconnaître le contraire dans vos amies, lorsque vous leur dites souvent :

« Oh ! que vous êtes maussades, aujourd'hui ! que vous êtes désagréables ! quel mauvais caractère vous avez ! »

A qui adressez-vous ces épithètes ? est-ce à des amies modestes, douces et bonnes ?

A coup sûr, non, chères enfants. Eh bien ! au lieu d'accabler vos pauvres amies de durs reproches, plaignez-les d'être si ignorantes et efforcez-vous de leur donner l'exemple de la bonté, de la modestie et de la douceur, vous verrez qu'elles le suivront et finiront par comprendre les avantages d'un bon caractère, qui fait le charme de la famille et de la société.

C'est surtout envers celles qui sont plus jeunes et plus faibles que vous qu'il faut pratiquer la douceur de paroles et de manières.

Évitez aussi d'avoir des mouvements brusques, emportés, qui les effrayeraient, ou de leur parler avec dureté et mauvaise humeur, comme les enfants mal élevés le font si souvent.

Un jour, un jeune garçon ramenait sa petite sœur de l'asile, et, pour l'obliger à marcher plus vite, il la tirait par la main, la poussait rudement et la menaçait même de la frapper. Interrogé par un passant qui voulait savoir pourquoi il maltraitait ainsi sa petite sœur, il répondit :

« Je lui fais ce qu'on m'a fait, et je ne la battrai jamais autant que je l'ai été moi-même. »

Quelle réponse ! elle prouvait toute l'ignorance du pauvre enfant en fait d'éducation ; ainsi il savait lire, écrire, compter, et n'avait pas une idée de la douceur, avec laquelle on opère des merveilles d'obéissance et de soumission en corrigeant les défauts les plus opiniâtres.

C'est aussi envers les animaux, chères petites, qu'il faut pratiquer la douceur.

Quand vous enlevez un nid dans un buisson, vous êtes cruelles vis-à-vis de la mère que vous privez de ses petits, vis-à-vis des petits eux-mêmes que vous laissez mourir la plupart du temps faute de savoir les élever, et enfin vous commettez un acte blâmable dans l'intérêt des campagnes, car presque tous les oiseaux se nourrissent des insectes qui dévorent nos moissons.

Voici qui est encore plus odieux peut-être : il existe un pauvre animal qui nous rend les plus grands services et que tout le monde semble prendre plaisir à maltraiter ; je veux parler de l'âne, le plus sobre, le plus patient et le plus courageux au travail de tous les animaux domestiques. Quand on le fait sortir de la ferme ou de la chaumière, chargé d'un fardeau souvent trop lourd pour ses forces, on ne se contente pas, comme pour le cheval, de se munir d'un fouet, on s'arme d'un gros bâton, d'un gourdin, avec lequel on le frappe sans pitié lorsqu'il trébuche ou ne marche pas assez vite.

N'est-ce pas, en effet, le comble de la cruauté que d'accabler de coups un malheureux animal qui ne se défend jamais et qui nous est si utile ?

Ne sommes-nous pas enfin trop souvent inhumains envers cet autre excellent animal qu'on appelle avec raison l'ami de l'homme, c'est-à-dire envers le chien, qui, non-seulement, n'oppose pas de résistance aux mauvais traitements de son maître, mais pousse la bonté et la soumission jusqu'à lécher la main qui le frappe ?

Au surplus, les excès envers les animaux de toutes sortes ont été poussés si loin, qu'on a cherché à y porter remède au moyen d'une loi de répression, dite loi Grammont, du nom de celui qui a eu la généreuse pensée de la proposer, et qu'on a institué à Paris une Société protectrice des animaux, pour assurer l'exécution des dispositions bienveillantes de cette loi.

Habituez-vous donc, mes chères enfants, à la douceur envers les animaux, car, en les maltraitant, on s'endurcit le cœur, et on se prépare à manquer d'humanité envers ses semblables et à commettre les plus mauvaises actions.

§ IV

Quant à la patience, mes chères amies, voyons à ce sujet ce que vous allez nous répondre. Vous ne devez pas être aussi embarrassées que pour les vertus qui précèdent, car quelle est celle parmi vous qui n'a pas déjà dû mettre plusieurs fois cette belle vertu en pratique ?

Voyons, Delphine, qu'est-ce que la patience ?

C'est être bonne, me répondez-vous ? Peut-être, puisque, pour être bonne, il faut posséder les vertus qui rendent les autres heureux.

Ceci est bien ; mais cette définition est trop générale et prouve que vous ne comprenez pas assez ce que c'est que la patience.

Voyons, à votre tour, Estelle, et soyez plus précise.

La patience est le courage de savoir souffrir sans se plaindre, dites-vous.

Très-bien ; mais pouvez-vous nous en citer un exemple parmi vos compagnes ?

Oh ! oui, je puis citer celui de cette bonne Agathe, qui a souffert si longtemps avec un bandeau vert sur les yeux sans jamais se plaindre ; donc elle était patiente.

Sans doute ; mais vous oubliez Marie, qui est restée trois mois dans son lit, et cela sans fatiguer son excellente mère par ses murmures. N'était-elle donc point patiente aussi ?

Oui, certainement.

Dites-nous encore quel est le saint homme qui nous donne dans la Bible un si admirable exemple de patience.

C'est Job, vous écriez-vous toutes, et Dieu a soumis sa patience à de bien rudes épreuves.

C'est vrai, enfants, et Julie va nous en citer quelques-unes, car elle a bonne mémoire.

« Ses troupeaux lui furent enlevés, ses serviteurs périrent, ses enfants moururent sous les ruines de leurs demeures ; enfin lui-même vit tout son corps couvert d'une maladie affreuse appelée ulcère, et, pour comble de maux, sa femme l'insulta et ses amis doutèrent de son innocence en voyant toutes ces épreuves. »

J'avais eu raison, mon enfant, votre mémoire est juste ; c'est presque le mot à mot de votre Histoire sainte. Eh bien ! puisqu'elle est si fidèle, cette mémoire, vous rappelez-vous aussi la belle réponse que fit Job à ses amis, quand ceux-ci l'accusaient d'ignorer en quoi consiste la sagesse ?

Non, je le vois à votre embarras, petite étourdie, et pourtant vous l'avez souvent apprise. Écoutez-la donc encore, et tâchez cette fois de ne plus l'oublier.

Job répondait : « Craindre le Seigneur : voilà la sagesse ; fuir le mal, et faire le bien : voilà l'intelligence. »

C'est à vous faire comprendre cette sublime réponse que l'éducation est consacrée, mes chères amies, car le but de nos constants efforts est de vous apprendre comment on craint Dieu, comment on fuit le mal et comment on fait le bien.

Job, au milieu de ses cruelles épreuves, murmura-t-il ? fit-il entendre des plaintes continuelles, comme il vous en échappe souvent, soit quand vous êtes malades et qu'on vous oblige à vous soumettre à un traitement pénible, soit en classe pour étudier une leçon difficile, soit à la récréation si l'on veut vous faire modérer la vivacité de votre âge ? Job dit-il, par exemple, comme cela ne vous arrive que trop souvent :

« Oh c'est trop douleureux ! je ne pourrais pas le supporter, c'est impossible ! non, laissez-moi tranquille, vous m'ennuyez ! qu'est-ce que cela vous fait si je crie ? cela ne vous regarde pas ! etc. »

Ce modèle de véritable patience fait entendre seulement ces magnifiques paroles :

« Dieu m'avait tout donné, Dieu m'a tout retiré, que son nom soit béni ! »

O mes amies, quel effort de vertu ! quel courage sublime ! En comparant vos épreuves à celles de Job, que sont-elles ? Bien peu de chose, n'est-ce pas ? Rappelez-vous donc toujours ce bel exemple que vous trouvez dans l'Histoire sainte, et dites-vous, chaque fois que vous êtes près de manquer de patience :

« Job a été bien plus éprouvé que moi ; qu'est-ce que cette petite douleur comparée aux siennes? »

Puis, cherchez autour de vous, chères enfants, et parmi vos parents, vos amis, vous trouverez certainement quelque personne, je n'ose pas dire aussi accablée que Job, qui, malgré de cruelles épreuves et à son exemple, ne fait jamais entendre une plainte ni un murmure ; aussi entendrez-vous dire d'elle :

« Oh! que cette pauvre dame a de patience ! elle en a autant qu'un ange, rien ne peut l'irriter, elle accepte tous les maux avec une soumission admirable, et pourtant elle souffre bien ! car depuis un an elle n'a pas quitté le lit... »

Soyez sûres, mes chères amies, que, comme Job aussi, la personne dont nous parlons aura sa récompense, et efforcez-vous de pratiquer cette vertu entre vous; car c'est en supportant sans murmurer de légères épreuves dans vos familles, à la classe, à l'égard de vos jeunes frères et sœurs, de vos amies que vous arriverez un jour à bien supporter les épreuves plus lourdes qui sont maintenant le partage de vos parents et de vos maîtres, et qui seront un jour le vôtre.

Que de patience ne leur faut-il pas, en effet, pour tolérer les fautes continuelles que votre ignorance, votre légèreté et votre étourderie vous font commettre, et pour vous répéter tant de fois les mêmes conseils que vous oubliez si promptement!

Un jour, mes amies, quand vous serez arrivées à l'âge de ceux qui vous élèvent, et que vous vous rappellerez votre enfance et tout ce que vous aurez coûté de soins, de sollicitude et de patience, vous vous écrierez en toute justice :

« Oh ! mes bons parents, mes chers maîtres, combien ils ont été patients pour moi, et comme ils se sont bien inspirés de l'admirable exemple de Job, et de Notre-Seigneur Jésus-Christ surtout, dont ce saint homme est une figure !

QUESTIONNAIRE.

1. Quand on fait de la peine à ses parents par la désobéissance, l'ingratitude ou la paresse, est-ce de la bonté ?

2. La bonté ne consiste-t-elle qu'à s'abstenir de frapper ses semblables et de leur faire du mal physiquement?

3. En quoi la bonté peut-elle même se révéler ?

4. Qu'est-ce donc enfin que la bonté?

5. Quel exemple de véritable bonté pourriez-vous citer ?

6. Dites la prière que faisait chaque jour une bonne mère.

7. Pourquoi est-ce une grande preuve d'ignorance que de manquer de modestie?

8. Qu'est-ce que l'on appelle modestie?

9. Racontez ce que répondait un jour une jeune personne parvenue à un grand talent.

10. Quel effet produisait sa réponse si modeste?

11. Qu'est-ce que le vrai mérite possède toujours?

12. Outre la modestie de paroles, en existe-t-il une autre?

13. Racontez ce que disaient un jour des dames en voyant passer plusieurs jeunes filles peu réservées dans leur maintien.

14. Que faut-il faire pour ne pas mériter une telle pitié?

15. Quelle est la compagne inséparable de la modestie?

16. En quoi consiste la vertu de la douceur?

17. Quelle différence existe-t-il entre la douceur apparente dans le monde et la véritable?

18. De qui vient la vraie douceur et qui a dit : « Bienheureux ceux qui sont doux? »

19. Au lieu de faire des reproches à des amies maussades et désagréables, que faut-il faire?

20. Envers qui faut-il particulièrement pratiquer la douceur?

21. Racontez ce que répondait un jour un jeune garçon de dix ans?

22. Envers qui faut-il encore pratiquer la douceur?

23. A qui faites-vous de la peine quand vous enlevez un nid dans un buisson?

24. Pourquoi cela est-il nuisible aux moissons?

25. Quel est l'animal qu'on maltraite le plus?

26. Comment appelle-t-on la loi qui réprime les excès envers les animaux?

27. Quelle est la société qui veille à son exécution?

28. Qu'est-ce que la patience?

29. Citez plusieurs exemples de patience.

30. Dites ce qu'a répondu Job à ses amis qui l'accusaient de ne pas savoir en quoi consiste la vraie sagesse.

31. Sommes-nous jamais aussi éprouvés que Job pour exercer notre patience?

32. Comment parviendrez-vous à supporter un jour patiemment les épreuves de la vie?

33. A qui faut-il beaucoup de patience pour supporter les fautes continuelles des enfants?

34. Que diront un jour les enfants en parlant de leurs parents et de leurs maîtres?

ONZIÈME ENTRETIEN

Générosité, reconnaissance, dévouement, justice.

A qui t'a fait du mal pardonne et fais du bien.
(A. PINET, *Recueils de maximes.*)
La reconnaissance est la mémoire du cœur.
(MASSIEU.)
(*Le Sourd-muet.*)
La religion seule inspire le vrai dévouement et les grands sacrifices.
(Mgr PAVY.)
C'est n'être bon à rien que n'être bon qu'à soi.
***
Toutes les vertus sont comprises dans la justice : si tu es juste, tu es homme de bien. (THÉOGONIS, *Sentences.*)

§ I

Nous allons maintenant nous occuper, mes chères amies, d'une vertu grande, belle, noble, sublime, en un mot, de la générosité, dont vous manquez si souvent, et cela toujours par ignorance, comme le fit un jeune garçon nouvellement arrivé à l'école et que son maître aperçut un jour frappant son camarade pendant la récréation.

« Eh bien ! Jules, pourquoi frappez-vous votre cama_ rade ? lui dit sévèrement le maître.

— Monsieur, c'est lui qui a commencé à me donner un coup de coude, et je le lui ai rendu, répondit le petit garçon rouge de honte et de colère.

— Ce n'est pas une raison, Jules, car doit-on rendre le

mal pour le mal? Et ne savez-vous pas comment se nomme la vertu qui apprend le contraire? »

A cette question, l'enfant baissa les yeux et ne répondit rien.

« Eh quoi! reprit le maître, vous avez dix ans, vous savez lire, écrire, et vous n'avez pas encore appris ce que c'est que la générosité? Saurez-vous me dire au moins quel est celui qui est mort sur la croix pour nous sauver, en pardonnant à ses bourreaux?

— Oui, Monsieur; c'est Notre-Seigneur Jésus-Christ.

— C'est bien. Maintenant dites-moi s'il était plus difficile de pardonner un coup donné dans un moment de vivacité, sans réflexion, par conséquent sans l'intention de vous blesser, que de pardonner le supplice de la passion à ses bourreaux?

— Non, Monsieur.

— Alors, mon petit ami, vous êtes coupable, puisque vous n'avez pas su imiter notre divin modèle, qui nous a donné l'exemple de la générosité jusqu'à pardonner à ceux qui l'ont fait cruellement souffrir, et qui nous a enseigné ainsi que cette vertu consiste à rendre le bien pour le mal. Rappelez-vous donc toujours qu'il faut beaucoup plus de courage pour pardonner une injure que pour la rendre; et que c'est ce courage, dont Dieu lui-même est venu nous donner le premier un si sublime exemple, qui se nomme la générosité. »

Que de fois, mes chères enfants, vous entendrez dire à vos amies et à vos connaissances :

« Oh! telle personne m'a fait un chagrin que je ne lui pardonnerai de ma vie; elle a cherché à me nuire par des calomnies. Aussi je lui rendrai la pareille à la première occasion ; elle peut bien y compter, etc. »

Dites-nous, ma chère Marianne, si c'est là le langage de la générosité, et si c'est ainsi que notre divin modèle a parlé de ses bourreaux ?

Non, répondrez-vous, puisqu'il s'est écrié au contraire : « Pardonnez-leur, mon Père, car ils ne savent ce qu'ils font ! »

Eh bien, nous devons chercher à faire de même, mes enfants ; quand une personne nous a causé de la peine, nous devons l'excuser à nos propres yeux, en nous disant :

« Elle n'a pas, sans doute, réfléchi avant d'agir comme elle l'a fait ; c'est donc ou par ignorance ou par légèreté qu'elle a dit ces choses peu charitables sur mon compte. O mon Dieu ! aidez-moi à lui pardonner du fond de mon cœur, car il faut votre secours pour avoir ce courage. Faites aussi qu'à force de générosité à son égard, je lui fasse regretter de m'avoir tant fait souffrir ; enfin que ma seule vengeance soit de lui rendre le bien pour le mal quand l'occasion s'en présentera. »

En agissant autrement, comment oserez-vous faire chaque jour, le matin et le soir, cette admirable prière : « Pardonnez-nous nos offenses comme nous pardonnons à ceux qui nous ont offensés, » si vous manquez sans cesse de générosité, c'est-à-dire si vous ne pardonnez rien à personne ?

Faites donc dès ce jour, entre vous, enfants, l'apprentissage de cette noble vertu ; car c'est en vous appliquant à pardonner continuellement aux autres de légères fautes contre vous-mêmes, qu'un jour vous saurez être sublimes de générosité envers ceux qui essayeront, par une basse jalousie, de faire douter de votre mérite, de vos senti-ments, et par conséquent d'employer tous leurs efforts pour vous empêcher de réussir dans vos entreprises.

Mais, dites-moi, mes petites amies, la générosité con-siste-t-elle seulement à pardonner ou à faire du bien à ceux qui nous font du mal?

Non; c'est là d'abord son côté divin, sans doute; mais elle fait naître encore dans notre cœur cette disposition à la bienfaisance avec laquelle on sait donner, tout en épar-gnant à celui qui reçoit l'humiliation d'avoir imploré le se-cours. Aussi la générosité peut-elle s'exercer dans toutes les positions, chez les pauvres comme chez les riches.

Mais, allez-vous dire, comment peut-on faire pour être généreux quand on est pauvre, c'est-à-dire qu'on n'a rien à donner?

En parlant ainsi, vous ne réfléchissez pas, enfants, que ce n'est pas seulement avec de l'argent que l'on peut être généreux; ainsi, par exemple, une de vos voisines est ma-lade, vous vous offrez à lui faire ses commissions. Avec quoi l'obligerez-vous, Octavie?

Avec mon temps, répondez-vous.

C'est très-bien, et vous êtes alors généreuse, puisque vous lui *donnez* votre temps pour l'obliger.

Autre exemple : une de vos amies perd l'un de ses chers parents; vous allez auprès d'elle pour lui prodiguer ces bonnes paroles affectueuses et consolantes qui font tant de bien aux cœurs blessés : avec quoi êtes-vous généreuse, cette fois?...

Avec mes consolations, direz-vous.

Sans doute, ma chère petite, et, chaque fois que nous

donnons ce que nous avons en notre pouvoir, consolations, temps, travail, nous sommes aussi généreux que ceux qui peuvent donner de l'argent. Vous voyez donc, mes bonnes amies, que d'occasions vous pouvez avoir chaque jour pour exercer cette magnifique vertu de la générosité, dont le premier degré peut être une bonne parole, et le plus élevé le pardon des injures, à l'exemple de notre divin modèle.

§ II

Quand une personne vient nous voir, qu'elle nous témoigne de l'affection, qu'elle nous rend tous les petits services qu'il lui est possible de nous rendre, n'éprouvons-nous pas le désir de lui témoigner que nous sommes touchés de ses bienfaits, et ne cherchons-nous pas toutes les occasions de lui être utiles à notre tour?

Eh bien! comment s'appelle ce sentiment qui donne de la mémoire à notre cœur, qui nous rend ingénieux à trouver mille petits moyens d'être aimables et bons? Voyons, réfléchissez un instant, mes chères amies, et vous devinerez ce que nous voulons vous dire, car il est impossible que vous ne connaissiez pas cette vertu, qui est le plus naturel des devoirs.

Enfin, nous le voyons à vos doux sourires, vous comprenez que nous voulons vous parler de la reconnaissance, cet élan de notre âme qui nous porte à témoigner aux autres que nous n'oublions pas leurs soins, leur sollicitude, leur affection de chaque jour.

A qui devons-nous tout d'abord le premier hommage de notre reconnaissance? à qui reconnaissons-nous devoir notre âme, notre intelligence, notre santé, nos bons parents, nos chères amies, le beau soleil qui nous réchauffe, les récoltes qui nous nourrissent? à qui devons-nous tout ce que nous possédons, en un mot?

A Dieu, répondez-vous, mes jeunes amies.

Oh! oui, à Dieu! Aussi est-ce d'abord vers lui que doit monter notre reconnaissance. Et quelle autre preuve pouvons-nous lui en donner que de l'aimer de toutes les forces de notre âme, de le remercier à chaque instant de tous les bienfaits dont il nous comble? Et soyez sûres, mes chères petites, que celle qui ne manquera jamais à ce devoir sacré de la reconnaissance envers le Créateur ne manquera jamais non plus à ce même devoir envers ses parents, ses frères, ses bienfaiteurs, ses maîtres et ses amis.

Tandis qu'au contraire l'être assez malheureux pour ne pas savoir reconnaître qu'il doit tout à ce Dieu si bon, si miséricordieux, si grand, et qui manque envers lui au plus sacré de tous les devoirs, ne saurait être qu'un ingrat envers ses parents, envers ses maîtres et envers ses amis.

Un ingrat!... ah! mes enfants, comprenez-vous bien toute l'horreur renfermée dans ce mot?

Un ingrat! mais c'est celui qui a reçu tous les jours, pendant son enfance, les soins, la tendresse, les bienfaits de ses parents, qui a vu sa bonne mère veiller des nuits entières à son chevet pendant qu'il était malade, pleurant avec lui, souffrant de ses douleurs, partageant toutes ses peines pour les soulager, et qui, malgré cela, oubliant un jour tous les sacrifices que ses parents ont faits pour l'élever, au lieu de leur témoigner sa reconnaissance, refuse de travailler pour eux à son tour quand ils sont devenus incapables de le faire. Par cette indigne conduite, l'ingrat les oblige même, comme nous ne le voyons que trop souvent, hélas ! à demander à des étrangers leur pain de chaque jour, en disant avec des sanglots déchirants dans la voix :

« Ah ! plaignez-nous, car c'est à l'ingratitude de notre enfant que nous devons un sort aussi cruel ! »

Hélas ! ces pauvres parents ne sont-ils pas coupables aussi, et ont-ils bien su faire comprendre dans son enfance à l'ingrat qui les oublie la reconnaissance qu'il devait à Dieu, et qui est la source de celle que nous devons à nos parents et à nos bienfaiteurs ?

Je crains bien que, si nous les interrogions à ce sujet, leur embarras ne vînt nous révéler la véritable cause de l'ingratitude de leur enfant ; car, en résumé, l'ingrat est celui qui reçoit tout de Dieu sans jamais lui dire une seule fois au moins :

« Merci, mon Dieu !... »

La reconnaissance est appelée le plus naturel et le plus doux des devoirs : pourquoi cela, mes chères amies ?...

Parce que rien ne procure une plus grande jouissance au cœur que de pouvoir prouver à un bienfaiteur qu'on se souvient de ses bontés. Il semble que ce soit le plus facile des devoirs, et l'on comprend à peine qu'on puisse y manquer. Pourtant, que de fois cela vous arrive, enfants !... Ainsi, quand vous faites souffrir vos chers parents par votre manque d'application, par vos réponses peu respectueuses, êtes-vous reconnaissantes envers les auteurs de vos jours ? quand vous parlez légèrement de vos maîtresses, que vous ne les écoutez pas, êtes-vous reconnaissantes envers celles-ci ? quand vos amies ont pour vous des prévenances, des attentions, de bonnes paroles, et que vous en dites du mal, êtes-vous reconnaissantes ? Non, n'est-ce pas ?

Ne faites jamais comme certaines personnes qui, pour

s'excuser de leur ingratitude, disent légèrement : « Je vous assure que je suis reconnaissante, mais l'éloignement, les circonstances, ne m'ont pas permis de témoigner ce que je ressens pour le service qui m'a été rendu ; d'ailleurs, après tout, une autre fois cette même personne m'a fait beaucoup de chagrin, je ne lui dois donc rien, et je trouve que je puis me regarder comme quitte envers elle. »

Ce sont là de mauvaises excuses, enfants ; qu'importe, en effet, la peine qu'on a pu vous causer après vous avoir rendu service ? Votre cœur ne doit se souvenir que des bienfaits et s'en montrer toujours reconnaissant, soit par une visite, soit par une lettre, soit par tout autre moyen aussi facile ; c'est vous dire que même le plus pauvre peut toujours se montrer reconnaissant si son cœur le lui rappelle.

Ne méritez donc jamais, mes jeunes amies, qu'on dise de vous ce qu'on disait un jour à une personne qui essayait d'excuser les fautes d'une jeune fille :

« Ce qui nous empêche de nous intéresser à elle autant que nous l'eussions fait, c'est qu'elle n'est pas reconnaissante ; elle ne va jamais voir les amis qui ont été bons pour elle, et en parle même avec indifférence ; conduite qui toujours annonce un mauvais cœur, etc. » Efforcez-vous de mériter plutôt ce qu'une bienfaitrice écrivait un jour à une personne très-éloignée d'elle, laquelle depuis *trente ans* n'avait pas oublié de lui témoigner sa reconnaissance en lui écrivant chaque année pour sa fête : « Vous « n'oubliez jamais ma fête, merci ! les cœurs comme le « vôtre sont rares et consolent doucement de l'ingratitude « de tant d'autres. Le jour où e ne recevrai plus de let-

« tre de vous, je me dirai : Elle a rendu à Dieu, qu'elle
« aimait si tendrement, sa belle âme, et je suis sûre que
« sa reconnaissance pour moi l'a suivie près de ce Père
« céleste. Vous le voyez, je ne douterai pas même de vous
« au delà de la tombe ! »

Voilà, mes enfants, ce que doit être la véritable reconnaissance envers nos bons parents, nós chers maîtres, nos
bienfaiteurs; elle doit nous suivre jusque dans le sein de
Dieu même, en un mot, être éternelle.

§ III

Que veut-on dire par ces paroles que vous avez dû entendre prononcer plus d'une fois dans vos familles :

« Oh! c'est une personne d'un grand *dévouement !* c'est
une fille remarquable par son *dévouement* pour sa mère.
Le *dévouement* de cette femme pour ses enfants ne connaît
point de bornes, etc. »

Que signifie donc enfin ce mot de *dévouement*, si sou--
vent répété ?

Savoir oublier son propre intérêt pour ne penser qu'à
celui des autres : voilà le vrai dévouement. Par exemple,
une jeune fille qui donne des soins maternels à ses jeunes
frères, à ses petites sœurs, qui est toujours prête à les
veiller s'ils sont malades, à les consoler s'ils pleurent, qui
enfin ne songe jamais à la fatigue qu'elle peut prendre
pour les obliger ou les servir, etc., cette sœur possède la
vertu appelée *dévouement*.

De même dans une école, si les grandes élèves, au lieu
de jouer entre elles, s'occupent des plus jeunes pendant
la récréation, si elles les entourent de petites attentions,

si elles veillent à ce qu'elles ne choisissent pas des jeux qui pourraient être dangereux, etc., etc., tout cela est le commencement du vrai dévouement, qui ne calcule ni son intérêt ni son plaisir quand il s'agit d'un service à rendre ou d'un devoir à remplir.

C'est encore la conduite d'une petite fille nommée Pauline, que nous voulons aussi vous citer.

Un jour elle demanda à sa mère la permission d'aller passer son congé du jeudi auprès d'une de ses amies qui était malade, au lieu de partir pour une charmante promenade à la campagne avec sa famille, comme cela d'abord avait été convenu ; et, cette permission obtenue, non-seulement elle alla s'enfermer dans une triste chambre où, pour ne pas fatiguer la malade, on laissait à peine pénétrer la lumière, mais elle porta à Clémence un joli petit rosier auquel elle tenait beaucoup, afin de lui réjouir les yeux et de la consoler de ne pouvoir pas encore sortir.

Tous les sacrifices que s'imposa cette aimable enfant lui furent inspirés par le dévouement, qui, en grandissant avec elle, l'aura portée sans nul doute à savoir aussi tout sacrifier au bonheur de sa famille et de ses amis.

Un autre exemple de cette belle vertu fut donné longtemps par une bonne ouvrière dont la mansarde était voisine de celle d'une pauvre malade. Chaque matin elle prenait deux heures sur son sommeil pour faire le ménage de sa voisine, et cela si doucement, avec tant de précautions, qu'elle ne l'éveillait même pas. Puis, quand cette excellente fille avait fini sa tâche de dévouement, elle se rendait à sa journée, sans que personne soupçonnât sa belle action.

Que d'autres exemples de dévouement se rencontrent

encore chaque jour dans les rangs les plus humbles de la société ! Mais si le plus souvent la modestie de leurs auteurs les laisse ignorer, Dieu les voit et les récompensera magnifiquement au grand jour de son éternelle justice.

Le dévouement est la conséquence nécessaire de la charité. En effet, comment aimer ses parents, ses amis, et ne pas se dévouer à leur bonheur, en oubliant ses intérêts propres pour ne songer qu'au leur ?

Aimez-vous donc, chères amies, et le dévouement vous deviendra aussi facile que naturel ; il grandira avec vous, et peut-être qu'un jour, comme tant de héros chrétiens, vous parviendrez jusqu'au sublime du dévouement, c'est-à-dire jusqu'à sacrifier votre santé, votre vie même, en faveur de vos semblables, ainsi que l'a fait pour ses parents l'un des saints que notre Église honore, le bon petit saint Justin qui n'avait que douze ans. (Voir la Vie des saints.)

§ IV

Bien souvent, mes jeunes amies, on vous entend dire :
« Telle punition qui m'a été infligée n'est pas juste, je ne l'ai pas méritée... ; et toi, qu'en penses-tu ? crois-tu que ce soit de la justice ? etc. »

Mais d'abord, avant de vous permettre de juger de ce qui est juste ou de ce qui ne l'est point, comprenez-vous bien ce que signifie ce mot : *justice* ? car vous savez que vous ressemblez à des automates parlants si vous employez des termes sans en comprendre le sens et la portée.

La justice est la vertu qui consiste à attribuer ou à rendre à chacun ce qui lui revient, selon son mérite et ses droits.

Par exemple, une élève désobéissante, indisciplinée, paresseuse, que lui revient-il ? est-ce une punition ou une récompense ? Une punition, répondez-vous.

C'est bien ; et vous comprenez qu'en cette circonstance on a rendu bonne justice à la petite coupable. Aussi, avant de vous écrier avec tant de légèreté : « Ce n'est pas juste ! » réfléchissez un instant à ce que vous avez fait. Vous êtes-vous appliquée à vos devoirs autant que vous pouviez le faire ? avez-vous appris vos leçons aussi bien que votre mémoire le permettait ? avez-vous fait des efforts sur vous-mêmes pour vous corriger de votre peu d'ordre, de votre mauvaise tenue, de votre indolence, de votre paresse, etc. ?

Non, n'est-ce pas. Eh bien ! vos maîtresses, qui vous observent constamment, sont comme le juge plaçant dans la balance le bien d'un côté et le mal de l'autre ; si elles trouvent qu'à la fin du jour le mal l'emporte, elles exercent la justice et sont obligées de vous punir, tandis qu'elles eussent été si heureuses de vous récompenser. Mais vous, chères amies, qui réfléchissez rarement, et laissez votre étourderie et votre légèreté vous servir d'uniques conseillères, vous avez bientôt fait de vous écrier :

« Oh ! ce n'est pas juste ! je le dirai à mes parents. »

Attendez, et plus tard, quand l'éducation vous aura éclairées, vous comprendrez combien vous étiez injustes toutes les fois que vous vous croyiez justes, et vous reconnaîtrez encore que vos parents et vos maîtres ont eu raison de vous punir ou de vous récompenser chaque fois que vous l'avez mérité ; parce que c'est ainsi qu'ils auront développé dans vos cœurs l'amour du bien et l'horreur du mal, double but de l'éducation, que la justice l'aide à atteindre.

La justice demande toujours qu'une faute ne reste pas sans recevoir sa punition, car c'est la peine qu'on éprouve à se soumettre à cette même punition qui grave dans nos cœurs l'horreur de la faute que nous avons commise ; autrement si nos parents et nos maîtres, par une faiblesse coupable, avaient négligé d'exercer la justice à notre égard, ils auraient un jour à répondre devant Dieu de tout le mal qu'ils ne nous auraient pas empêchés de commettre. De même une bonne action doit être récompensée, car c'est aussi le souvenir agréable que nous conservons de la récompense qui nous encourage à faire le bien ; ce précepte vient de Dieu même, puisqu'il a dit qu'un simple verre d'eau donné à un malheureux en son nom aura un jour sa récompense. Sachez donc n'être injustes ni en paroles ni en actions, ni dans les plus petites circonstances de la vie, et souvenez-vous surtout que savoir être juste annonce toujours une grande et belle âme, qui ne s'abandonne pas, pour juger la conduite de ses semblables, à son premier mouvement, lequel trop souvent est faux, mais qui réfléchit avec sagesse en demandant à celui qui dit : « Rendez à César ce qui est à César, et à Dieu ce qui est à Dieu, » de diriger son jugement selon la plus stricte et la plus parfaite justice.

QUESTIONNAIRE.

1. Quelle est la vertu sublime qui apprend à rendre le bien pour le mal?

2. Quel est le divin modèle qui est venu nous l'enseigner, et dans quelle circonstance ?

3. Est-il permis de conserver de la rancune contre une personne qui nous a fait du mal ; cela peut-il s'appeler de la générosité ?

4. Quelle est la prière que nous faisons chaque jour ; et que nous commande la générosité ?

5. La générosité consiste-t-elle seulement à pardonner les injures ?

6. Comment peut-on encore être généreux ?

7. Quand on est pauvre, que peut-on donner à la place de l'argent qu'on n'a pas ?

8. Dites quel peut être le premier degré de la générosité, et le plus élevé.

9. Quelle est la belle vertu qui nous porte à prouver à nos parents, à nos bienfaiteurs, que nous reconnaissons leur tendresse, leur sollicitude et leurs soins ?

10. Qu'arrive-t-il quand un enfant oublie la reconnaissance qu'il doit à ses parents ?

11. Pourquoi la reconnaissance est-elle appelée le plus doux des devoirs ?

12. Est-il possible de témoigner sa reconnaissance dans toutes les positions, et par quels moyens ?

13. Citez ce qu'écrivait un jour une bienfaitrice à une personne qu'elle avait obligée depuis longtemps.

14. Comment doit être la véritable reconnaissance ?

15. Qu'est-ce que le dévouement ?

16. Citez-en plusieurs exemples.

17. Qui récompensera un jour magnifiquement les dévouements modestes et ignorés ?

18. De quelle vertu sublime le dévouement est-il le compagnon inséparable ? Pourquoi ?

19. Quel est le sublime du dévouement ?

20. Qu'est-ce que la justice ?

21. Que mérite un élève paresseux, indiscipliné ? est-ce une récompense ou une punition ?

22. Quel est le double but de l'éducation que la justice l'aide à atteindre ?

23. Pourquoi faut-il toujours qu'une faute soit punie et une bonne action récompensée ?

24. Qui a promis de récompenser même pour un verre d'eau donné en son nom à un malheureux ?

25. Comment, lorsqu'on possède une grande et belle âme, juge-t-on la conduite de ses semblables ?

26. A qui faut-il demander de diriger notre jugement selon la plus stricte et la plus parfaite justice ?

DOUZIÈME ENTRETIEN

Sincérité, discrétion, honnêteté, délicatesse.

> Soyez ennemi du mensonge, ne parlez que le langage de la vérité.
>
> (Saint PAUL.)
>
> L'insensé même passe pour raisonnable lorsqu'il sait se taire à propos.
>
> (SALOMON, *Proverbes*, XVI, 28.)
>
> L'honnêteté exclut le mal et même les mauvaises manières de faire le bien.
>
> (Mme V...)
>
> La probité humaine, sans la crainte de Dieu, n'est jamais sûre.
>
> (MASSILLON, *Petit Carême.*)
>
> La délicatesse donne à tous les procédés un charme inexprimable.
>
> (Mme DE GENLIS.)
>
> La délicatesse est la fleur de la vertu.
>
> (DE LÉVIS, *Pensées.*)

§ I

Quel beau témoignage à rendre d'un enfant quand des parents et des maîtres peuvent dire de lui :

« Sa sincérité est parfaite, nous n'en saurions douter, car jamais le plus petit mensonge n'a souillé ses lèvres. »

La sincérité est donc la vertu contraire au vice odieux du mensonge ?

Oui, mes amies, puisque c'est celle qui consiste à être toujours vrai dans ses paroles comme dans ses actions. Manquer de sincérité pour un enfant, c'est être orgueilleux et poltron, orgueilleux, parce qu'il en coûte trop à son amour-propre de faire un aveu pénible ; poltron, parce qu'il manque de courage pour supporter la punition qu'il sait que la justice de ses parents ou de ses maîtres doit à sa faute ; alors, n'écoutant que ces deux mauvais conseillers, l'orgueil et la peur, il n'est pas sincère et cache la vérité ; mais, s'il échappe par cette indigne conduite à la justice de ses parents et de ses maîtres, échappera-t-il un jour à celle de Dieu, qui est la vérité même et qui voit tout ?

Non, croyez-le bien, et demandez au Père céleste la force de résister à leur funeste tentation, chaque fois que l'orgueil et la peur vous conseilleront de manquer de sincérité, en vous disant :

« Ne conviens pas que c'est toi, personne ne t'a vue, tais-toi donc, tu n'auras pas la honte de l'aveu, et puis tu ne seras pas grondée ; tant pis si ta compagne est accusée, punie ; puisqu'on croit que c'est elle qui a commis la faute, tu es sauvée, etc. »

N'est-ce pas là, mes chères amies, le langage mystérieux et mauvais que vous entendez en vous-mêmes chaque fois que vous hésitez à dire la vérité ?

Mais, outre l'orgueil et la peur, n'écoutez-vous peut-être pas encore un troisième conseiller plus dangereux que les deux autres, et qui vous laisse froide en voyant punir une de vos camarades à votre place ?

Comment se nomme une action aussi indigne que celle-là ?

Elle se nomme la *lâcheté !...* mot affreux, dont votre ignorance est bien loin de soupçonner toute la portée et qui pourtant vous est applicable lorsque vous manquez de sincérité aux dépens d'autrui. Ainsi donc, orgueil, peur, lâcheté : voilà les trois sources du manque de sincérité, autrement dit du mensonge.

Rien ne dispose des parents et des maîtres à la confiance et à l'indulgence comme la sincérité, et si vous saviez, chères enfants, quel avantage immense ce serait pour vous de n'en jamais manquer, vous vous appliqueriez sans cesse à ne pas vous écarter de cette vertu, aimable même dans les plus petites circonstances.

Au contraire, lorsqu'un enfant est connu pour ne pas être sincère, il n'inspire plus aucune confiance : on le surveille, on veut avoir les preuves de ce qu'il a dit, on ne peut le croire avant de les avoir trouvées. Et quelle honte pour ce pauvre enfant, quelle douleur pour ses parents, quand, faute d'avoir cru à ses paroles, on laisse arriver un malheur irréparable, ainsi que cela s'est vu un jour dans une ferme de la Touraine !

Jacques, jeune garçon de dix ans, fils aîné du fermier, avait pris la funeste habitude de ne jamais dire la vérité. Ainsi, tantôt il assurait que le feu était à la grange ; alors chacun courait, on s'empressait, et ce n'était qu'une fois arrivé devant la grange qu'on découvrait que ses paroles étaient une fable ; une autre fois, il disait avoir vu un cheval s'échapper de l'écurie et disparaître dans les bois ; et vite, vite, on se rendait alors à l'écurie, mais, contre toute attente, le cheval y était tranquillement. Un jour encore, s'obstinant à nier qu'il était cause de la perte de plusieurs petits poulets, en ayant oublié de fermer la porte de la basse-cour, il avait laissé renvoyer une pauvre fille qu'on avait alors accusée de cette négligence, et qui n'avait pu répondre qu'en pleurant pour s'excuser :

« Mais ce n'est pas moi, notre maître, ce n'est pas moi ! »

Loin d'être touché du chagrin de Catherine, Jacques, retenu par la honte d'avouer sa faute et par la peur d'une correction méritée, resta insensible, car ces deux sentiments affreux en avaient fait un lâche ; aussi laissa-t-il non-seulement accuser, mais encore chasser l'innocente Catherine, au lieu de rétracter l'odieux mensonge, seule cause de tout le mal.

Malgré les leçons qui lui étaient données sans cesse, ce malheureux enfant n'avait pu être corrigé, tout avait été inutile ; aussi personne ne voulait-il plus le croire lorsqu'il venait raconter ce qu'il prétendait avoir vu ; mais à la fin il reçut une leçon bien cruelle.

Un jour qu'il jouait avec sa petite sœur sur le bord d'un abreuvoir, l'enfant, tout à coup s'approchant pour regarder par-dessus le petit mur d'entourage, se laissa tomber dans l'eau. Aux cris qu'elle poussa, Jacques, incapable de la retirer lui-même, courut tout d'un trait vers la ferme, afin d'y chercher du secours, en criant de toutes ses forces :

« Venez vite ! vite !... ma sœur est tombée dans l'abreuvoir !... Oh ! venez donc ! venez donc ! car sans cela elle va périr ! »

En l'entendant, chacun lui répondait d'un ton moqueur :

« C'est ça, tu crois nous attraper encore par tes mensonges ! mais nous ne sommes pas des sots, et cette fois nous ne te croirons pas !

— Mon Dieu ! mon Dieu !... mais c'est vrai ce que je vous dis, je vous le jure !... » répondait-il en pleurant.

Et il racontait, au milieu de ses sanglots, comment l'accident était arrivé.

A la fin, pourtant, les garçons de la ferme furent ébranlés par ce désespoir, et se dirent entre eux :

« Nous dervio ns aller voir; car si c'était vrai, par hasard !...»

Ils y allèrent, mais, hélas ! quand on arriva près de l'abreuvoir, il était trop tard ! Le temps qui s'était écoulé à douter de la vérité avait suffi pour que la pauvre petite Louise fût noyée.

Quand le malheureux Jacques vit retirer de l'eau le petit corps inanimé de sa sœur, ses sanglots redoublèrent, et la secousse qu'il éprouva fut tellement forte qu'on fut obligé de le mettre au lit aussitôt, car la fièvre s'empara de lui, et plusieurs jours s'écoulèrent avant qu'il reprît connaissance ; mais, lorsque la mémoire du passé lui revint, il s'écria en présence de sa famille éplorée :

« Oh ! pardonnez-moi ! pardonnez-moi !... je ne mentirai plus ! »

Et le pauvre enfant tint sa promesse, car, chaque fois qu'il se sentait tenté de n'être pas sincère, il n'avait qu'à se rappeler la mort de sa chère petite sœur, et aussitôt la vérité seule s'échappait de ses lèvres.

Mais n'attendez pas, chères amies, qu'il vous soit nécessaire, pour vous corriger, de recevoir d'aussi cruelles leçons, et, quelle que soit la peine que vous éprouviez à faire un aveu blessant pour votre amour-propre, ayez toujours le beau courage d'être vraies, et dites chaque matin, du fond de votre cœur :

« Mon Dieu, vous qui êtes la vérité même, placez-la dans mon cœur et sur mes lèvres, et ne permettez jamais que je manque de sincérité dans les plus petites paroles, dans les moindres actions, chez mes parents, à la classe, avec mes amies, dans aucune circonstance enfin ! »

§ II

De même que la sincérité est le contraire du mensonge, la discrétion est l'opposé d'un défaut bien commun chez les enfants, défaut que l'on nomme l'indiscrétion.

Ainsi, quand on parle beaucoup sans réfléchir, qu'on répète légèrement comme vérité une chose que l'on n'a pas bien entendue, qu'on nomme l'un, l'autre, sans penser aux fâcheux résultats d'une erreur qui peut apporter le trouble dans une famille où règnent la paix et l'union, comment appelle-t-on ce défaut ?

Le bavardage, répondrez-vous, et vous aurez bien dit, car c'est cette funeste habitude de trop parler qui vous fait bien souvent manquer aux convenances, c'est-à-dire aux règles établies par la société.

Par exemple, mes chères petites, une enfant bien élevée ne doit parler que quand on l'interroge, surtout pendant les repas; mais une enfant indiscrète, malheureusement ne suit pas toujours cette règle ; elle interrompt à tout instant son père, sa mère, ses frères aînés, et, dans son ignorance de la valeur des paroles, elle raconte souvent des choses qui deviennent presque toujours la cause de discussions pénibles, et cela dans un moment où il est toujours si agréable de voir régner la paix.

Les exemples sont si nombreux, que chacune de vous, n'est-il pas vrai, s'est plus d'une fois entendu dire par ses parents, pendant les repas où assistaient quelques amis :

« Mais tais-toi donc, babillarde, tu nous fatigues ! »

En classe, il existe aussi une loi : celle de ne pas parler pendant les leçons, afin de ne pas troubler l'ordre établi.

Combien de fois pourtant l'oubliez-vous, cette règle si sage, mes enfants, quand, pour une futilité, pour un rien, vous vous laissez aller à votre insupportable bavardage, comme cette jeune fille dont nous allons parler !

« Dis-moi donc, Julie, sais-tu ta leçon ? demande Claire.

— Non, pas encore, répond celle-ci.

— Ni moi non plus, reprend Julie ; quel ennui ! Combien te reste-t-il à apprendre ?

— Une page, pas plus.

— Tiens, c'est comme moi... As-tu vu Laure, pendant la récréation ?... Tu ne sais pas ? elle apprenait son catéchisme ! c'est sans doute pour faire la raisonnable et le savoir mieux que nous... Est-elle fatigante avec sa fausseté !...

— Silence, Mesdemoiselles ! » s'écrie la maîtresse.

Julie pousse alors son amie pour l'engager à se taire. Et toutes deux reportent leurs yeux sur leur devoir et cessent de parler.

Mais vous voyez où les conduisait tout droit ce bavardage : au manque de charité.

Ainsi, seulement pour le plaisir de parler, elles disent d'abord beaucoup de mots inutiles, plutôt que de se hâter d'apprendre leur leçon, comme c'était leur devoir ; puis elles accusent faussement cette pauvre Laure de vouloir paraître plus sage que ses compagnes, sans savoir pourquoi elle apprenait son catéchisme au lieu de jouer.

De plus, à la fin de la journée, elles sont punies pour avoir troublé le silence, et Julie, bien moins coupable que Claire, vient reprocher à celle-ci sa conduite en lui disant :

« C'est en vérité bien amusant ! je suis encore grondée par ta faute, car il faut toujours que tu me parles, et cela me force à te répondre... Aussi je t'assure que je finirai par demander à être mise à côté d'Amélie, qui du moins ne me fera pas causer pour des riens comme tu le fais toujours. »

Ce qui se passe dans cette classe se passera plus tard dans le monde, et si la jeune Claire ne parvient pas, par de nombreux efforts, à remplacer le bavardage par la discrétion, on la fuira comme un être dangereux en disant :

« Ne parlez jamais devant cette personne, c'est une indiscrète, une bavarde; par sa langue elle occasionne sans cesse des mésintelligences dans sa famille et parmi ses amis; car, pourvu qu'elle parle, peu lui importe ce qu'elle dit. »

Et lorsque ses amis se fâcheront entre eux, qu'ils en arriveront à des explications pénibles, s'ils remontent à la source de ces bavardages, ils trouveront que la coupable est encore l'indiscrète Claire.

« Ah! que cette fille a été mal élevée, s'écrieront-ils, et quel malheur que ses parents n'aient pas essayé de la corriger de ce défaut, en lui apprenant quels sont les avantages de la discrétion, cette qualité précieuse qui nous attire l'estime de tous, et fait dire de nous ce qu'on disait un jour d'une autre jeune fille bien différente de Claire :

« Oh! vous pouvez vous fier à cette personne, elle est d'une discrétion à toute épreuve, et soyez sûr que votre secret sera bien gardé; c'est une fille si bien élevée et si réservée! »

Cherchez donc à mériter ce bel éloge, mes chères enfants, et rappelez-vous ce conseil, dont vous ferez plus d'une fois l'expérience dans votre vie : On se repent toujours d'avoir trop parlé, on ne se repent jamais d'avoir su garder le silence à propos.

§ III

Quand un enfant, soit par gourmandise, soit par un manque total d'éducation, dérobe un fruit sur une table, en se disant :

« Maman ne s'en apercevra pas, et d'ailleurs, pour une cerise, ce n'est pas la peine de lui demander la permission, etc. »

Cette action est-elle de l'honnêteté?

« Non, » nous direz-vous.

Et encore, quand une élève prend une plume à sa camarade, en se disant de même, après l'avoir essayée :

« Oh ! la bonne plume! je vais la garder; Julie n'y fera pas attention, elle croira l'avoir perdue, et pour une plume, ce n'est pas la peine de se gêner. »

Est-ce encore agir avec honnêteté?

« Non, certainement,» nous répondrez-vous de nouveau, mes chères enfants.

Et si une jeune fille, voyant ouverte la boîte à ouvrage de sa compagne, s'amuse à regarder ce qu'elle contient, et, trouvant du coton à broder, en prend quelques aiguillées parce qu'elle a perdu le sien et se dit également :

« Oh! pour si peu de coton, Caroline ne s'en apercevra pas; je n'ai donc pas besoin de le lui demander, et, avec ce coton, je ne serai pas grondée à la leçon d'ouvrage, etc. »

Appellerez-vous cette action de l'honnêteté?

« Non. »

Eh bien! qu'est-ce donc que cette vertu? Allons, parlez! ne faites pas attendre votre réponse, et, en réfléchissant un moment, vous la trouverez.

Voyons, Céline! vous alliez parler ; dites-nous donc,

chère petite, ce que vous pensez à ce sujet; si vous vous trompez, nous vous reprendrons : avancez sans crainte.

« Il me semble, dites-vous, que l'honnêteté ou la probité est une vertu qui consiste à respecter, jusque dans les plus petits objets, tout ce qui appartient à nos semblables. »

C'est très-bien dit, mon enfant, et voilà pourquoi toutes les actions que nous venons de citer blessent réellement la vertu dont nous parlons : l'honnêteté.

Mais peut-être que plus d'une, parmi vous, en a manqué quelquefois par ignorance, et sans se rendre compte que la personne qui porte atteinte à cette vertu dans les petites choses la méconnaîtra tout naturellement un jour dans les grandes.

Quand vous entendez dire à vos parents, en parlant d'un ami : « C'est un très-honnête homme, » vous comprenez, n'est-ce pas, qu'ils font là un bel éloge de la personne dont ils parlent, et vous tenez pour certain que celui qui le mérite ne manque d'honnêteté ni dans ses actions, ni dans ses sentiments, ni dans ses paroles.

Eh bien ! c'est en pratiquant cette indispensable vertu dès l'enfance, et cela toujours entre vous, dans vos familles et partout, que vous parviendrez un jour au degré de perfection qui vous méritera le même éloge.

Laissez-nous vous raconter un trait qui vous prouvera combien l'honnêteté attire d'estime, et comment Dieu permet qu'on en soit récompensé.

Une pauvre veuve élevait avec beaucoup de soin ses enfants, dont l'aîné avait onze ans à peine, et elle ne cessait de leur donner les plus sages avis; voici, entre autres, ce qu'elle leur disait au sujet de l'honnêteté :

« Surtout, mes chers enfants, demandez chaque jour à Dieu de rester honnêtes, quelle que soit la malheureuse position où vous puissiez vous trouver, et rappelez-vous qu'il ne nous est pas plus permis de nous servir de ce qui ne nous appartient pas que de garder ce que nous trouvons, car l'honnêteté exige que nous rendions au plus vite ce que le hasard a fait tomber sous notre main, et si nous ne pouvons sur-le-champ retrouver le propriétaire de l'objet, mettons tout en œuvre pour y parvenir en priant Dieu de bénir nos recherches, et soyons sûrs qu'il nous récompensera de notre probité, qui est l'inséparable compagne de l'honnêteté, puisque ces vertus ne peuvent jamais exister l'une sans l'autre. »

Plus tard, vous distinguerez mieux la nuance qui existe entre ces deux mots, c'est-à-dire que l'honnêteté s'étend à tous nos devoirs, tandis que la probité ne s'applique en général qu'à des intérêts matériels. Par exemple, si un marchand se trompe en vous rendant plus de monnaie qu'il ne vous en revient, la probité vous oblige à lui reporter ce qui lui appartient et à ne jamais dire, comme de malheureux enfants qui ne comprennent pas ce que c'est que la probité :

« Tiens ! ce marchand s'est trompé, il m'a rendu 15 centimes de plus que mon compte, mais, tant pis pour lui ! je les garde pour acheter une balle élastique ou des des billes ; quel bonheur ! »

« O mes enfants ! ajoutait la pauvre veuve, ne commettez jamais une action semblable, car non-seulement vous me causeriez un vif chagrin, mais encore vous me donneriez des craintes sérieuses pour votre avenir. »

Les enfants alors embrassaient leur bonne mère, et lui

promettaient de ne jamais manquer ni à l'honnêteté ni à la probité.

Un jour donc, l'aîné, nommé Denis, fut envoyé chez le boulanger pour y chercher du pain, et, comme il y avait plusieurs personnes dans la boutique, le boulanger distrait, en lui rendant la monnaie de sa pièce, ne s'aperçut pas qu'il lui rendait plus qu'il ne devait lui revenir.

L'enfant ramassa le tout sans y prendre garde ; mais quand il fut une fois dans la rue et que, tout en marchant, il compta son argent, il fut très-surpris d'en trouver plus qu'il ne devait en recevoir, car il se rappelait que plusieurs fois il avait changé une pièce semblable pour la même quantité de pain.

« Ah ! mon Dieu, se dit-il, le boulanger s'est trompé bien certainement, et il faut au plus vite que je retourne pour lui rendre son argent ; je raconterai à ma mère la cause de mon retard, et je suis sûr qu'elle ne me grondera pas, car ce serait manquer de probité si je gardais, un seul instant cet argent qui ne nous appartient pas. »

Et, en faisant ces sages réflexions, Denis arriva tout essoufflé chez le boulanger :

« Monsieur, lui dit-il, vous m'avez rendu plus que mon compte, et je viens vous rapporter les 20 centimes qui sont de trop. »

Le boulanger le regarda affectueusement en lui disant : « C'est vrai, mon petit garçon, je me suis trompé, et c'est bien honnête à vous d'être venu me le dire ; qui donc vous a fait ainsi comprendre la probité ?

— C'est ma bonne mère, Monsieur, qui nous répète toujours, à mes sœurs et à moi, que nous ne devons pas même prendre une épingle, sans en demander la permission, ni garder ce qui ne nous appartient pas, répondit l'enfant dont le cœur était joyeux de la bonne action qu'il venait de faire.

— C'est une bien brave personne que votre mère, dit le boulanger, et Dieu la bénira dans ses honnêtes enfants, j'en suis sûr. »

Puis, après le départ de l'enfant, le boulanger, qui était un excellent homme, s'informa auprès de ses voisins où demeurait cette honnête famille, et, ayant appris que la mère était une pauvre veuve, il alla lui proposer de prendre son fils en apprentissage et de lui venir en aide jusqu'à ce que Denis pût gagner assez d'argent pour l'aider à élever ses plus jeunes enfants.

Je n'ai pas besoin de vous dire, mes chères amies, avec quelle joie la pauvre mère accepta l'œuvre du généreux boulanger, et combien elle remercia Dieu d'avoir exaucé sa prière en permettant que son petit Denis eût aussi bien gravé ses leçons dans son cœur ; et le boulanger fut tellement satisfait de son jeune apprenti, dont il eut plus d'une fois l'occasion de remarquer l'honnêteté et l'intelligence, que, n'ayant pas d'enfant, il voulut lui céder son établissement quand il fut en âge de se reposer.

La pauvre veuve vint donc demeurer avec son cher fils, qui lui disait souvent en lui rappelant les pénibles années de son enfance :

« C'est pourtant à vous, chère mère, que je dois tout mon bonheur ; car, si vous ne m'eussiez pas fait comprendre l'honnêteté, j'aurais peut-être gardé l'argent qui ne m'appartenait pas, et cette vilaine action m'eût empêché de trouver l'excellent bienfaiteur qui nous a rendus tous heureux ; que Dieu soit donc béni pour m'avoir accordé une si bonne mère, don précieux pour lequel chaque jour je le remercie du fond de mon cœur ! »

Mais je veux vous citer encore un autre exemple qui vous prouvera, mes chères amies, que toujours la probité porte bonheur.

Un dimanche, après l'office, deux jeunes garçons couraient dans la campagne, en jouant avec un cerf-volant ; l'un, âgé de douze ans, se nommait Paul, et l'autre, qui n'en avait que dix, s'appelait Félix. Ils étaient cousins et tous les deux fils d'ouvriers pauvres mais honnêtes, ce qui est bien préférable à la richesse. Le père de Paul était tisserand ; celui de Félix était maçon. Tout à coup, en s'arrêtant sur le bord de la route, Paul vit briller sur la terre une petite bourse en soie qu'il ramassa ; en l'ouvrant, il aperçut des pièces blanches et jaunes, c'est-à-dire de l'argent et de l'or.

Il appela aussitôt son cousin, et Félix, en voyant cette bourse, s'écria selon la triste coutume des enfants ignorants des règles de l'honnêteté :

« Quel bonheur ! part à deux, n'est-ce pas ? »

Mais Paul, se redressant, lui répondit avec vivacité :

« Cet argent ne nous appartient pas ; mes parents m'ont toujours dit que, lorsque l'on trouvait quelque chose, il fallait le rendre à celui qui l'avait perdu ; cherchons donc à qui appartient cette bourse.

— Ah bah ! tu te trompes, reprit Félix ; on peut garder ce qu'on trouve ; d'ailleurs comment pourrais-tu savoir à qui appartient cet argent ?... Partageons donc bien vite. »

Et peut-être nos deux cousins allaient-ils se quereller ; peut-être même Félix, qui était loin de posséder la douceur dont nous avons parlé plus haut et qui se mettait facilement en colère, allait-il chercher à s'emparer de la bourse que Paul tenait toujours dans sa main, lorsqu'ils aperçurent le curé du village, qui venait en se promenant de leur côté.

Aussitôt Paul s'avança à la rencontre du ministre de Dieu, et lui demanda très-respectueusement s'il lui était permis de garder de l'argent qu'il venait de trouver, en ajoutant qu'il ne le croyait pas ; aussi refusait-il de le partager avec son cousin Félix.

« Vous avez raison, mon enfant, lui répondit le bon curé : il ne nous est jamais permis de garder ce que nous trouvons, et la personne qui a perdu cette bourse éprouve sans doute beaucoup de regret de cette perte ; aussi très-certainement sera-t-elle profondément reconnaissante envers celui qui la lui rapportera. »

Puis, se retournant vers Félix, qui, tout confus, écoutait la leçon, le pasteur se prit à lui dire :

« Mais si vous aviez perdu le cerf-volant avec lequel vous vous amusiez tout à l'heure, ne seriez-vous pas bien aise que celui qui l'aurait trouvé vous le rendît ? Il en est de même pour cette bourse. Allons ! portez donc vite votre trouvaille à votre père, ajouta le digne curé en s'adressant derechef à Paul, dites-lui de la serrer soigneusement, et avant peu, sans doute, je lui ferai connaître à qui elle appartient, car je crois l'avoir déjà vue, cette bourse, entre les mains d'un riche habitant de la commune. »

Et en effet le lendemain, le respectable ecclésiastique fit savoir au père de Paul qu'il avait découvert le propriétaire de la bourse en question, et que celui-ci désirait qu'elle lui fût rapportée par le petit Paul lui-même.

Comme l'avait pensé le curé, l'argent trouvé par les deux cousins avait été perdu par le plus riche propriétaire de l'endroit. Cet excellent homme, pour récompenser l'acte de probité du jeune Paul, lui fit d'abord présent d'un bon vêtement tout neuf ; puis il le mit en apprentissage chez un horloger, et l'aida plus tard à s'établir.

C'étaient de bien mauvaises paroles que Félix avait osé prononcer quand il avait dit : « Part à deux ! » Aussi il en fut bien fâché, et il reconnut que c'était avec justice que Paul avait été récompensé de sa bonne action.

S'emparer d'un objet trouvé sans chercher à en découvrir le propriétaire, c'est donc commettre une action tout à fait contraire à la probité ; ne l'oubliez jamais, mes chères enfants, et écoutez ce dernier exemple donné à ce sujet par une petite fille de neuf ans, nommée Blanche.

Un soir, à Paris, une riche étrangère, en rentrant à son hôtel, laissa tomber, sans s'en apercevoir, plusieurs petits objets de prix suspendus à sa chaîne de montres, l'anneau qui les retenait s'étant ouvert. Quand la porte cochère fut refermée, la petite Blanche étant venue à passer et son pied rencontrant par hasard le petit paquet de riches breloques qu'avait perdu l'étrangère, elle se baissa naturellement pour le ramasser ; puis, tout en s'éloignant, elle se mit à admirer, grâce à la lueur que jetait le gaz, ces jolies petits bijoux si nouveaux pour elle.

Pendant ce temps, la riche dame s'était aperçue de la disparition des bijoux, qui lui semblaient d'autant plus précieux que presque tous étaient des souvenirs d'amitié auxquels elle tenait beaucoup ; elle avait fait venir au plus vite un des domestiques de l'hôtel et l'avait prié de prendre une lumière afin d'aller regarder avec soin devant la porte cochère, où elle croyait avoir entendu tomber quelque chose.

Le domestique, après cet ordre, était descendu aussitôt et cherchait partout avec le regret de ne rien trouver, quand la petite fille, dont la lueur du flambeau avait attiré le regard, fit la réflexion que sans doute ce monsieur qu'elle voyait regarder vers la terre était occupé à chercher les objets qu'elle venait de trouver ; alors elle s'approcha en courant du domestique de l'hôtel pour les lui rendre, ce qu'elle fit avec tant de bonne grâce, que cet homme insista pour conduire la jeune fille près de sa maîtresse, qui, pensa-t-il, devait récompenser cette bonne action.

« Madame, dit-il en entrant et en présentant cette petite fille, voilà une honnête enfant qui a trouvé vos bijoux et me les a rapportés ; j'ai pensé que vous seriez heureuse de la connaître et de la remercier.

— Dites de la récompenser comme elle le mérite, reprit vivement l'étrangère, enchantée de retrouver les objets qu'elle regrettait tant d'avoir perdus ; et, prenant une jolie bourse posée sur la cheminée :

— Tiens ! chère petite, dit-elle, voici deux pièces d'or pour toi.

Oh ! merci, Madame, et que ma mère va être heureuse ! s'écria l'enfant d'une voix émue.

— Que fait-elle donc ta mère, ma petite ? demanda la dame avec intérêt.

— Elle est blanchisseuse, Madame, répondit l'enfant.

— Eh bien ! dis-lui de venir me parler demain dans la

matinée ; la mère d'une petite fille si honnête doit être elle-même une honnête femme, et je serai heureuse de la faire travailler tout le temps que je resterai à Paris. »

La pauvre enfant, doucement émue de joie, ne savait comment exprimer sa reconnaissance, car elle ne comprenait pas qu'une action aussi simple fût si largement récompensée.

Heureux donc ceux pour qui les parents ont rendu, par leur exemple, l'honnêteté si facile, et qu'ils soient certains que si leurs actes de probité échappent à la récompense qui leur serait due ici-bas, pas un ne sera oublié par Dieu, qui est toujours le témoin de nos actions, qu'elles soient bonnes ou mauvaises !

§ IV

Comme tout ce qui est parfait, mes chères amies, la délicatesse est chose bien rare, car elle n'est autre que la perfection des deux dernières vertus, l'honnêteté et la probité.

Mais, direz-vous peut-être, ce n'est pas à notre âge qu'il est possible d'atteindre à la perfection ; pourquoi donc nous occuper de la délicatesse ?

Quelle erreur est la vôtre, mes jeunes amies ! car sachez que la délicatesse a ses degrés suivant les âges ; et comment pourriez-vous la posséder tout entière un jour, si vous n'appreniez pas dès votre enfance à la connaître et à la pratiquer ?

Abuser de l'obligeance d'une compagne en lui demandant souvent à emprunter son crayon, son papier, ses plumes, puis oublier de lui rendre ces objets qui lui appartiennent, est-ce de la délicatesse?

Non, chères amies.

Profiter de ce qu'une personne est très-obligeante pour lui demander sans cesse de nouveaux services quand elle nous en a déjà rendu beaucoup, est-ce de la délicatesse?

Non certainement encore.

Demander à sa mère la permission d'aller passer le jeudi, par exemple, avec une de vos compagnes sans y avoir été invitée par celle-ci, est-ce de la délicatesse?

Non, sans doute.

Vous voyez donc bien, chères amies, que vous ne manquez pas d'occasions de mettre cette vertu en pratique.

Je veux vous citer à ce sujet le trait de délicatesse d'une jeune fille de quatorze ans.

Dans une des meilleures institutions [1] de Paris, maison où l'éducation, bien comprise, est à la tête des études, il existe un petit code de lois où toutes les fautes que peuvent commettre les élèves trouvent une punition, comme aussi leurs bonnes actions y sont gratifiées d'une récompense; il est dit dans ce code que la note sur la conduite ne sera arrêtée que le soir en présence de la maîtresse de la maison, de ses adjointes, de toutes les élèves et que d'après leur conscience les jeunes filles devront avouer si elles ont, oui ou non, mérité cette note, qui résume, outre les devoirs bien écrits et les leçons bien sues, toutes les qualités et toutes les vertus auxquelles une élève peut manquer sans avoir d'autres témoins que Dieu et sa conscience.

Dans la seconde classe, où était la jeune fille dont nous vous parlons, il se trouvait une nouvelle sous-maîtresse qui

[1] Institution Saint-Aubin Deslignières.

sortait d'un autre établissement où l'éducation était si peu comprise, que cette dame n'y avait pas vu exercer les élèves aux actes de délicatesse et de respect!...

Déjà presque toutes les élèves de la classe avaient répondu, après un moment de réflexion, qu'elles acceptaient leur note de conduite, quand l'une d'elles, nommée Adèle, se leva, et d'un air tout contrit dit e n s'adressant à la maîtresse :

« Madame, je n'accepte pas mon *bien* de conduite.

— Pourquoi, ma chère enfant? demanda l'intelligente maîtresse : est-ce pour tes devoirs mal faits?

— Non, Madame, répondit Adèle.

— Est-ce pour tes leçons insuffisamment sues?

— Non, Madame, ce n'est pas non plus pour cela. »

Et comme Adèle gardait le silence, la maîtresse reprit :

« C'est sans doute alors quelque reproche de caractère que te fait ta conscience? En ce cas-là, ma chère enfant, je respecte ton secret, et je ne te demande qu'une chose, c'est de prendre toujours ta conscience pour juge comme tu le fais aujourd'hui. »

La sous-maîtresse, qui, ainsi que nous l'avons dit, quittait des élèves moins bien élevées, et avec lesquelles elle n'avait point été habituée à ces délicatesses de conscience, parut très-étonnée du refus d'Adèle d'accepter son *bien* de conduite, car elle l'avait vue très-silencieuse et très-appliquée; aussi, quand la maîtresse se fut éloignée, elle s'approcha de la jeune fille à son tour, et lui demanda pourquoi elle avait refusé de prendre sa note.

« Oh ! combien vous êtes bonne, Madame, répondit-elle, d'avoir sitôt oublié ce dont je suis coupable !

— Comment oublié ! reprit la sous-maîtresse, qui ne

comprenait pas qu'elle eût été offensée ; que voulez-vous dire par là, mon enfant? expliquez-vous.

— Eh bien ! puisque c'est votre désir, Madame, j'obéirai, dit Adèle : à la leçon d'écriture, vous m'avez dit *deux* fois de me bien tenir, et une seule fois aurait dû me suffire ; voilà pourquoi je n'ai pas mérité ma bonne note de conduite. »

Devant une telle délicatesse de conscience, la sous-maîtresse fut profondément touchée, et, embrassant cette charmante enfant, elle s'empressa de lui dire :

« Sachez toujours, ma chère fille, apporter dans vos paroles comme dans vos actions la même délicatesse ; et si vous agissez ainsi, croyez-moi, vous serez toujours heureuse, et vous atteindrez autant que nous pouvons le faire ici-bas à la véritable perfection dont cette vertu est le secret, et pour laquelle Dieu nous promet une si magnifique récompense. »

QUESTIONNAIRE.

1. Quel est le plus beau témoignage que des parents puissent rendre d'un enfant, et quelle est la vertu contraire au vice odieux du mensonge?

2. Pourquoi un enfant qui manque de sincérité est-il orgueilleux et poltron ?

3. Quel est encore le troisième sentiment mauvais qui pousse un enfant à cacher la vérité?

4. Qu'est-ce qui dispose les parents et les maîtres à la plus grande indulgence ?

5. Racontez l'histoire de Jacques.

6. Dites la prière qu'un enfant doit faire chaque jour pour ne jamais manquer à la vérité.

7. Quel est le défaut qui nous conduit au manque de discrétion? Citez-en des exemples chez les parents et à la classe.

8. Comment le défaut contraire à la discrétion peut-il faire juger une personne dans le monde?

9. Quel est l'éloge que les enfants doivent s'efforcer de mériter, et le conseil qu'ils ne doivent jamais oublier ?

10. Qu'est-ce que l'honnêteté ?

71. Quels étaient les conseils qu'une pauvre veuve donnait à ses enfants ?

. 12. Racontez ce que fit un jour Denis, l'aîné de ses enfants ?

13. Racontez l'histoire de Paul et de Félix.

14. Citez le trait de probité de Blanche.

15. De qui Blanche était-elle fille, et quelle fut sa récompense ?

16. Qu'est-ce que la délicatesse ?

17. Pourquoi faut-il s'exercer à cette vertu de très-bonne heure dans la vie ?

18. Citez des actions qui sont des manques de délicatesse.

19. Racontez le trait de délicatesse d'une élève nommée Adèle.

20. Quelles paroles sa maîtressse lui adressa-t-elle ?

TREIZIÈME ENTRETIEN

Indulgence, humilité, piété éclairée et ferme.

> On ne peut être bon sans être indulgent.
> (Comte DE SÉGUR.)
> Sévérité pour soi, indulgence pour autrui.
> (Le Docteur DESCURET.)
> L'humilité est l'origine de tout le bien,
> comme l'orgueil est la source de tout le mal.
> (Saint VINCENT DE PAUL.)
> La piété véritable élève l'esprit, ennoblit
> le cœur, affermit le courage.
> (MASSILLON, *Petit Carême.*)
> La piété n'a rien de faible, ni de triste, ni
> de gêné. Elle élargit le cœur, elle est sim-
> ple et aimable. Le royaume de Dieu ne
> consiste point dans une scrupuleuse obser-
> vation de petites formalités, il consiste pour
> chacun dans les vertus propres à son état. »
> (FÉNELON, *Lettres au duc de Bourgogne.*)

§ I

En général, mes jeunes amies, ne sommes-nous pas toujours prompts à nous excuser quand il nous arrive quelque
accident, soit par défaut de prudence ou par étourderie ?

Oui, répondez-vous.

N'entendons-nous pas aussi chacun dire souvent :

« Nous n'eussions pas dû faire telle ou telle chose; mais
ce n'est pas notre faute; donc, nous n'avons pas eu
tort, etc., etc. »

En parlant de nous, nous aurons toujours de l'indulgence, mais, à l'égard des autres, en agirons-nous de même ? et êtes-vous ingénieuses, mes enfants, à trouver des excuses aux fautes de vos frères, de vos sœurs, de vos amies ? cherchez-vous à leur épargner la sévérité des réprimandes ? en un mot, les jugez-vous comme vous aimeriez à être jugées vous-mêmes ?

Nous comprenons, par votre hésitation à répondre, que vous manquez bien souvent d'indulgence ; car, vous l'avez deviné, cette vertu n'est autre chose que de juger les actions de nos semblables comme nous voudrions que les nôtres le fussent.

L'indulgence est une preuve certaine de bien grande bonté. En effet, quoi de plus touchant que d'entendre une personne toujours prête à défendre ceux qu'on accuse devant elle, en disant :

« Prenez garde, vous savez que les apparences sont souvent trompeuses ; peut-être les personnes que vous accusez ont-elles eu, pour agir ainsi, des raisons que nous ne connaissons pas ; et, si nous étions à leur place, nous agirions peut-être de la même manière ; jugeons-les donc comme nous voudrions être jugées, c'est-à-dire avec plus d'indulgence, et faisons pour elles ce que nous voudrions qu'elles fissent pour nous, etc., etc. »

Comme ce langage indulgent et sage impose le respect et le silence, mes amies, et comme il fait dire tout bas aux personnes qui l'entendent :

« Il est impossible d'être meilleure que cette dame ; elle a toujours des excuses à son service pour tout le monde ; elle est vraiment d'une indulgence admirable ! »

C'est encore pourtant par ignorance que vous manquez de cette vertu si belle, et c'est parce que vous ne savez pas encore que Dieu a dit dans son Évangile : « Comme vous jugerez les autres vous serez jugés par moi. »

Ce père si juste se servira donc à notre égard de la mesure dont nous nous serons servis pour nos semblables? nous demanderez-vous.

Sans doute, mes jeunes amies, et cette pensée seule devrait nous rendre toujours indulgents, afin que Dieu daignât l'être aussi envers nous quand nous paraîtrons devant lui.

Quelle est la personne ici-bas qui peut se vanter de ne jamais commettre de faute et ainsi de n'avoir pas besoin d'indulgence?

Est-ce, par exemple, la paresseuse Caroline, qui ne veut pas se soumettre à la loi du travail imposée à tous pendant l'exil sur la terre?

Est-ce Julie, si prompte à manquer de sincérité et à oublier que, si elle cache la vérité à ses parents, elle ne peut pas la cacher à Dieu, qui la voit toujours?

Est-ce Jeanne dont le manque de discrétion cause si souvent de fâcheuses querelles entre ses amies?

Est-ce Amélie, dont le défaut d'obligeance la fait qualifier de ce vilain nom d'égoïste?

Est-ce enfin Pauline, dont la grande étourderie oublie si vite ses bonnes promesses?

Hélas! nous n'en finirions jamais si nous voulions chercher autour de nous une personne sans défaut, car la perfection n'est pas de ce monde, dit-on avec raison; aussi avons-nous tous grand besoin d'indulgence; pourquoi donc alors en manquons-nous si souvent en paroles et en actions à l'égard de nos semblables?

Pour vous surtout, mes chères enfants à qui l'étourderie

de votre âge fait si souvent oublier les avis qu'on vous donne, de quelle constante indulgence vos parents et vos maîtres n'ont-ils pas besoin pour vous répéter à chaque instant le même conseil, la même leçon ! Et c'est seulement plus tard, mes chères amies, quand une bonne éducation aura fait cesser votre ignorance, que vous reconnaîtrez qu'après l'indulgence de Dieu, la plus grande est celle de vos bons parents et de vos chères maîtresses.

Que d'exemples admirables d'indulgence nous trouvons dans la vie de Celui qui a apporté à la terre ces sublimes et divines paroles : « Aimez-vous les uns les autres. »

Comment nous aimer et manquer d'indulgence entre nous ? Il y aurait contradiction, et c'est ce qui a fait dire aussi à un homme célèbre ces sages paroles : « On ne peut pas être bon sans être indulgent. »

Exercez-vous donc à acquérir cette douce vertu qu'on qu'on peut appeler la sœur de la bonté, et lorsque vous serez tentées d'en manquer à l'égard de vos amies, demandez-vous sur-le-champ :

« Si j'avais commis la même faute, comment voudrais-je être jugée ? »

Et vous verrez que cette bonne réflexion rappellera aussitôt l'indulgence dans votre cœur.

§ II

Aucune vertu, mes chères amies, n'est plus opposée à notre orgueilleuse nature que celle de l'humilité. Et qu'est-ce donc que cette vertu, que l'immortel saint Vincent de Paul appelle l'origine de tout bien, comme l'orgueil est la source de tout mal?

L'humilité est la défiance de soi-même soutenue par la confiance en Dieu, et c'est la vertu sublime qui sait nous faire dire : « J'ai eu tort », chaque fois que nous le méritons.

Quand un enfant s'excuse, en disant, lorsqu'on lui fait un reproche justement mérité :

« Ce n'est pas ma faute ; qu'est-ce qu'il y a de mal dans ce que j'ai fait ? On me gronde toujours pour rien ; je ne le mérite pas, etc., etc. »

Est-ce donc de l'humilité de parler ainsi ?

« Non, » répondez-vous avec raison.

Lorsqu'une élève dit en parlant d'une de ses camarades qu'on récompense :

« Qu'a-t-elle fait de plus que moi ? Mes devoirs étaient aussi bien écrits que les siens, et même, j'ai mieux su mes leçons qu'elle ce matin ; ah ! ceci est bien injuste, par exemple ! »

Ces pensées sont-elles inspirées par l'humilité ?

A coup sûr, non, mes amies, car s'imaginer que ce qu'on fait est mieux que ce que font les autres, c'est se croire parfaite, et, nous vous le demandons, peut-on se montrer plus insensée et plus orgueilleuse ?

Après les vertus théologales, la vertu la plus grande, la plus belle, la plus noble aux yeux de Dieu, c'est sans contredit l'humilité, parce que c'est celle qui exige le plus grand courage de notre cœur naturellement pétri d'orgueil. Qu'il vous en coûte, n'est-ce pas, de répondre à un reproche juste de vos parents ou de vos maîtresses :

« J'ai eu tort, je vous demande pardon. »

Et pourtant, comme ces paroles désarmeraient à l'instant les parents et les maîtres !... que de fois un humble aveu a obtenu grâce pour un enfant coupable ! Rappelez-vous surtout que, plus votre faute sera grande, plus votre courage à l'avouer sera grand aussi, et que plus votre humilité est complète, plus vous vous élevez aux yeux de Dieu.

Voici un exemple de cette vertu sublime donné par deux petites filles d'une école primaire de Mirecourt, dans le département des Vosges.

On était au mois de novembre vers les quatre heures du soir. Clotilde, âgée de onze ans, et Marie de dix à peine, sortant ensemble de classe, devaient traverser une place publique pour retourner cher leurs parents ; elles partirent bras dessus, bras dessous ; mais bientôt, pour un motif aussi léger que leur âge, elles se fâchèrent et finirent même par s'oublier jusqu'au point de se frapper, et Clotilde, la plus forte, renversa la petite Marie, laquelle, tout en se relevant, adressait à sa compagne des paroles fort injurieuses.

Cette scène avait été vue de loin par une personne qui voyageait pour inspecter les écoles ; mais, étant étrangère, elle ignorait si ces deux petites filles appartenaient à l'école qu'elle devait visiter le lendemain ; et elle résolut de leur faire avouer leur faute dans le cas où elles s'y trouveraient.

Le lendemain donc, devant plusieurs divisions réunies formant plus de quatre-vingts élèves, l'inspectrice chercha à surprendre si quelques regards embarrassés ne se baisseraient pas devant elle, mais, n'en voyant aucun et ne pouvant pas reconnaître les deux petites filles, qu'elle n'avait vues que de loin, elle commença à croire que ces enfants n'étaient pas de cette école. Malgré cela, et dans l'incertitude, elle raconta avec beaucoup de tristesse ce qu'elle avait vu la veille.

« Comment ! s'écrièrent les maîtresses, deux petites filles qui se battaient sur la place publique !... Oh ! mais il est impossible qu'elles soient de nos élèves !

— Mesdames, reprit l'inspectrice, si les coupables sont ici, elles auront bien autant de vertu qu'en montra un petit garçon de six ans dans une salle d'asile, car ce cher enfant eut le grand, le beau courage d'avouer une faute que Dieu seul avait vuè, et devant deux cents petits camarades. On avait fait comprendre à ce bon petit être que, si la vertu est le courage de faire le bien, elle est aussi celui d'avouer ses fautes quand on a fait le mal, et que peut-être ce second courage est plus méritoire aux yeux de Dieu, parce qu'il coûte davantage au cœur.

Donc, si les deux pauvres petites qui ont manqué du premier courage de la vertu, qui est de faire le bien, et ont fait le mal, en oubliant la présence de Celui qui voit tout, avaient aujourd'hui, dis-je, le second courage, celui d'avouer leur faute, elles pratiqueraient la vertu de l'humilité, à laquelle Dieu promet non-seulement le pardon, mais encore un bonheur éternel pour récompense. »

Pendant que l'inspectrice prononçait ces paroles, une sorte d'agitation régnait d'un côté de la classe ; le maîtresses, croyant que c'était un oubli de discipline, imposaient silence, et l'inspectrice allait sortir, pensant que les petites coupables n'étaient pas présentes, quand soudain Marie s'approcha d'elle en lui disant à haute voix, et cela devant ses deux maîtresses et quatre-vingts de ses compagnes :

« Madame, c'est moi qui ai donné un coup à Clotilde hier, quand je me suis relevée. »

Et Clotilde, de son côté, s'avança en disant également :

« C'est moi qui suis coupable, car j'ai fait tomber Marie sur la place. »

A cet aveu si humble et si courageux, l'inspectrice embrassa bien fort les deux enfants, qui étaient devenues tout à coup deux petites héroïnes par le courage qu'elles avaient montré. Les maîtresses paraissaient fières de leurs élèves, leurs compagnes les entouraient avec admiration, et leurs regards semblaient dire à l'inspectrice :

« Ah ! vous ne pourrez pas dire qu'à Mirecourt il n'y a pas d'humilité, et que les petites filles ne savent pas avouer leurs fautes. »

De son côté, aussitôt que la supérieure de l'école apprit ce trait de vertu des deux chères enfants, elle leur donna à chacune une récompense ; puis, avant de quitter la ville, l'inspectrice leur fit remettre à toutes deux aussi une *Imitation de Jésus-Christ*, avec ses mots : A Marie, souvenir de sa belle conduite du 14 novembre 1858 ; A Clotilde, etc.

Comment ! vous écriez-vous, chères amies, fallait-il si bien les récompenser parce qu'elles ont avoué une faute ?

Mais certainement elles le méritaient, attendu que la vertu d'humilité est celle qui coûte le plus à l'amour-propre, et que savoir dire : « J'ai eu tort et je demande pardon, » c'est posséder le moyen d'arriver au degré de perfection que Dieu nous a permis d'atteindre sur terre.

La vertu ne se reconnaît et ne se manifeste que dans la lutte ; ainsi, par exemple, pendant que l'inspectrice parlait devant nos chères petites héroïnes de Mirecourt, un combat s'engageait dans leur cœur entre l'ange du bien et celui du mal ; une voix, celle de l'orgueil, leur disait :

« N'avouez rien, cette dame ne vous reconnaît pas, elle ne vous a vues que de loin; vos maîtresses ne savent pas qu'il s'agit de vous, et, pour ne pas vous exposer à rougir de votre vilaine conduite devant tous, taisez-vous, et personne ne saura rien. »

Mais heureusement qu'une autre voix, celle de la conscience, reprenait aussi : « Avouez votre faute, chères enfants, Dieu n'attend que votre humble aveu pour vous pardonner : parlez donc vite et sans crainte ; plus il y a de monde pour vous entendre, plus votre mérite sera grand. ».

Vous voyez bien, jeunes amies, que ces bonnes petites filles avaient ici une véritable lutte à soutenir. Et le courage dont elles ont fait preuve en avouant leur faute, après avoir repoussé la voix du mal et triomphé de leur amour-propre, est ce que nous appelons la vertu de l'humilité.

Oh ! de grâce, sachez imiter toujours ces deux jeunes élèves ; et rappelez-vous tout le bonheur qu'elles ont éprouvé en recevant les sincères félicitations de leurs maîtresses, les témoignages de sympathie de leurs compagnes, et en méritant que ce trait de vertu fût raconté comme exemple.

Dites-vous, jeunes amies : « Si l'humilité est une vertu si agréable à notre Père céleste, nous nous efforcerons de la pratiquer dans les plus petites circonstances, afin de lui prouver notre amour ; » car, lorsqu'on aime bien, on s'efforce d'en donner des preuves, et la meilleure que vous puissiez choisir pour plaire au bon Dieu, c'est d'acquérir l'humilité et de la pratiquer.

§ III

Nous voici maintenant arrivées, mes enfants, à l'explication d'une bien belle vertu, qui est véritablement le soutien et la vie de toutes celles qui précèdent comme elle en est aussi l'ornement.

Comment l'appelle-t-on cette vertu qui nous fait accomplir avec courage tous nos devoirs envers Dieu et envers nos semblables, qui nous rend capables de tous les dévouements et de tous les sacrifices ; qui nous donne la résignation dans le malheur, la patience dans les épreuves, la charité pour tous ceux qui souffrent, l'humilité qui nous permet d'avouer nos fautes, et enfin la générosité qui nous amène à pardonner à ceux qui nous ont offensés, et même à leur rendre le bien pour le mal ? Voyons, jeunes amies ; souvent déjà on vous a parlé de cette puissante vertu, mais peut-être dans un langage trop relevé pour que vous puissiez en comprendre toute l'étendue ; quelle est-elle donc ?

— Vous ne répondez pas ? ainsi, vous ne pouvez pas la nommer, cette vertu admirable ? Il faut donc que nous vous aidions.

Eh bien ! mes enfants, c'est de la piété éclairée et ferme que nous voulons vous parler.

Mais pourquoi ajoutons-nous ces mots : *éclairée et ferme ?*

C'est parce qu'on confond trop souvent la véritable piété avec certaines pratiques extérieures qui n'en sont que l'apparence. Ainsi on ne craint pas, en sortant de l'église, de dire du mal de celui-ci, de celle-là, de blesser la charité en refusant un service qu'il serait en notre pouvoir de rendre ; on récite beaucoup de prières du bout des lèvres ;

on fait de longues lectures pieuses; on assiste à de bons sermons, mais on ne s'inquiète point si les actes répondent aux paroles, et l'on croit que l'on a de la piété..... Quelle erreur !

D'un autre côté, quand les méchants osent se moquer de nos exercices religieux et nous dire avec une grossière ignorance :

« Ah bah ! aller à l'église, remplir ses devoirs religieux, c'est bon quand on va en classe, quand on est enfant; on a bien autre chose à faire une fois qu'on est grand, etc., etc. »

Hélas ! ils ne comprennent pas, ces pauvres ignorants, que c'est comme s'ils nous disaient :

« Quand vous étiez jeunes, c'était bien de vivre comme des enfants du bon Dieu : mais à présent que vous êtes grands, mettez de côté ce qui vous distingue des animaux, la prière, les saintes pratiques religieuses, les offices; oubliez que vous devez tout à Dieu qui vous prête une âme pour l'aimer, une intelligence pour comprendre le bien et enfin la santé, cette vraie fortune de tous. En un mot, recevez tout sans jamais dire merci, sans jamais rendre un témoignage d'amour, une preuve de reconnaissance à votre Créateur et, devenez des espèces de brutes, en oubliant que vous avez une âme destinée au bonheur éternel, qu'il faut mériter par la prière, l'amour et la reconnaissance envers Dieu. »

Mais si ces malheureux ignorants venaient vous dire un jour :

« Mes amies, à présent que vous êtes devenues grandes, ce n'est plus nécessaire d'aimer vos parents, d'aller les voir, de leur prouver votre reconnaissance; c'était bon quand vous étiez petites, que vous aviez besoin d'eux, mais c'est tout à fait ridicule maintenant. »

Que penseriez-vous de cet affreux langage? l'écouteriez-vous; oh! non, n'est-ce pas? Vos cœurs si bons le repousseraient de toute la force de leur amour filial, et vous appelleriez insensé celui qui oserait vous donner un si horrible conseil.

Eh bien! chères amies, tourner en ridicule les pratiques si consolantes de la religion, vouloir détruire la piété dans votre âme, c'est exactement la même chose; car vous éloigner de tous vos devoirs envers Dieu, c'est vous éloigner de tous les autres, comme nous le verrons en nous occupant des trois moyens infaillibles de la vraie piété pour être fidèles ici-bas aux deux conditions du bonheur :

Aimer Dieu et faire le bien à ses semblables.

QUESTIONNAIRE.

1. Qu'est-ce que l'indulgence, et de quoi est-elle une preuve certaine ?

2. Qu'est-ce que Dieu a dit dans son Évangile, et de quelle mesure se servira-t-il un jour pour nous juger ?

3. Existe-t-il un être ici-bas qui puisse se vanter de ne jamais commettre de faute et de n'avoir pas besoin d'indulgence ?

4. Après l'indulgence de Dieu, quelle est la plus grande que les enfants connaissent ?

5. Quel est celui qui nous a apporté sur la terre ces sublimes paroles : « Aimez-vous les uns les autres ? »

6. Peut-on s'aimer et manquer d'indulgence entre soi? Que disait un homme célèbre ?

7. Qu'est-ce que l'humilité ?

8. Pourquoi est-elle la plus grande vertu aux yeux de Dieu ?

9. Racontez l'exemple d'humilité donné par deux petites filles d'une école primaire.

10. Quelles étaient les deux voix qu'elles entendaient lorsqu'on leur rappelait leur faute ?

11. Quelle fut la récompense de leur humilité?

12. Quelle est la meilleure preuve d'amour qu'on puisse donner à Dieu?

13. Quelle est la vertu qu'on peut appeler la source de toutes les autres, qui donne le courage d'accomplir tous nos devoirs?

14. Que signifient ces mots : Piété éclairée et ferme?

15. Quels sont les conseils que les méchants osent donner à ceux qui ont le malheur d'ignorer la vraie piété?

16. Quand on éloigne les enfants de leurs devoirs religieux, que fait-on forcément?

QUATORZIÈME ENTRETIEN

Moyens d'acquérir et de pratiquer les qualités et les vertus nécessaires au vrai bonheur.

Pour être fidèle durant toute la vie aux deux grandes conditions de bonheur dont nous vous avons parlé : « Aimer Dieu en aimant tous ses enfants et faire le bien, » nous connaissons trois moyens infaillibles[1].

§ I

> Chose admirable ! La religion chrétienne, qui semble n'avoir d'autre objet que la félicité de l'autre vie fait encore notre bonheur dans celle-ci. (MONTESQUIEU.)
>
> Rien ne peut donner une plus grande idée de Dieu que la messe des catholiques. (FRÉDÉRIC LE GRAND.)

Nous vous parlerons d'abord de l'audience divine, la plus solennelle entre toutes celles que Dieu nous accorde chaque jour, et pendant laquelle il ne nous refuse rien de ce que nous lui demandons humblement et avec une foi entière, par les mérites de son Fils mort sur la croix pour nous rouvrir le ciel, et qui renouvelle chaque matin son sacrifice d'amour sur l'autel.

[1] Nous ne faisons qu'indiquer ici ces trois moyens, qui sont spécialement du domaine du catéchisme.

Mais quelle est-elle, chères amies, cette action sainte que nous appelons l'audience divine? Répondez-moi d'abord sur ce point.

C'est la messe, direz-vous.

Oui, c'est en effet la sainte messe, à laquelle vous assistez souvent avec si peu de respect et d'attention.

Mais comme nous savons que c'est toujours par ignorance que vous vous conduisez ainsi, nous allons essayer de nous servir d'une comparaison pour vous faire bien comprendre ce que nous voulons vous dire.

Vous savez toutes, chères enfants, qu'on appelle une audience l'entretien que le souverain ou ses ministres accordent à ceux qui ont quelque grâce, ou quelque faveur à leur demander.

Supposons donc, chère Marie, vous qui m'écoutez avec tant d'attention, que notre souverain vous fasse dire qu'il vous accordera une demi-heure d'audience, et qu'il est disposé à ne vous refuser aucune des justes demandes que vous lui ferez, soit pour vos parents, soit pour vos amis, soit enfin pour vous-même.

Comment vous prépareriez-vous à cette audience?

Vous vous diriez la veille : « C'est demain que j'aurai l'honneur d'être admise devant mon souverain ; voyons! pour n'oublier personne, je vais réfléchir à ce que je veux demander : d'abord, pour mon père, la place qui lui est promise depuis si longtemps : pour mon frère, le grade de capitaine qu'il attend depuis la dernière campagne, et pour les pauvres de notre commune, les secours dont ils ont besoin. »

Enfin, ma chère petite, vous penseriez à tous ceux que vous aimez ; puis ,quand viendrait le moment de l'audience, comment vous présenteriez-vous devant le souverain?

Entreriez-vous dans la salle de réception où il se trouve sans lui témoigner le moindre respect, et le salueriez-vous à peine ? porteriez-vous vos yeux, soit à droite, soit à gauche, d'un air distrait ?

Oh ! non, vous écriez-vous, toute surprise que nous vous adressions de semblables questions : vous entreriez timidement, les yeux baissés, sans oser à peine regarder votre souverain, tant serait grand votre respect pour lui ; vous le salueriez profondément, et debout, avec la plus grande modestie, vous lui adresseriez ainsi la parole :

« Sire, vous m'avez fait l'honneur de m'accorder une audience, et Votre Majesté a poussé la bonté jusqu'à me laisser espérer qu'elle ne me refuserait rien de ce que je lui demanderais de juste en faveur de ma famille. Oh ! je vous en conjure, Sire, daignez tenir la promesse qui m'a été faite en votre nom, et m'accorder les grâces que j'ose solliciter pour mon père, pour mon frère, et pour tous ceux qui me sont chers. »

Pendant toute la durée de cette audience, ma chère Marie, vous ne quitteriez pas votre position humble et respectueuse, nous en sommes assurée.

De son côté, que ferait le souverain, touché de votre confiance en lui, de votre respect, de votre humilité? Il tiendrait sa promesse, et vous sortiriez de votre audience après avoir obtenu tout ce que vous étiez venue demander ; tandis que si, au contraire, vous vous fussiez présentée avec dissipation, avec légèreté, en montrant que vous croyiez en présence de toute autre personne que de votre souverain, et en vous tenant devant lui de la façon impolie que nous avons dépeinte plus haut, qu'aurait-il fait?

Mécontent, de votre mauvaise tenue, de votre peu de respect, il ne vous eût pas écoutée et. eût même mis fin à l'audience ; vous fussiez donc sortie, non-seulement sans avoir rien obtenu, mais encore avec le regret d'avoir offensé votre souverain.

Eh bien ! mon enfant, voilà précisément ce qui se passe à l'audience divine que Dieu daigne nous accorder quand notre santé et nos occupations nous permettent d'aller entendre la messe et que nous y assistons sans respect, sans attention, sans humilité ; nous en sortons n'ayant rien obtenu, ni pour nous ni pour les autres, et, si Dieu ne nous fait pas quitter à l'instant son église, c'est qu'il est plus patient et plus miséricordieux que le souverain : mais son refus est naturel, car peut-il nous accorder ce que nous lui avons si mal demandé ?

Non, cent fois non !

Mais, dites-nous encore, chère Marie : si votre souverain vous faisait l'honneur de vous accorder tous les matins une audience, y manqueriez-vous par votre faute ?

Pas davantage, n'est-ce pas ? et, comme vous sauriez que vous pourriez obtenir de sa justice tout ce que vous demanderiez pour vous et pour votre famille, vous arriveriez bien exactement à l'heure plutôt même avant, n'est-il pas vrai ?...

Eh bien ! mon enfant, faites donc pour Dieu ce que vous feriez pour sa créature, et, quand il daigne vous accorder une audience divine, c'est-à-dire le bonheur d'assister à la messe, dites, en entrant dans l'église ou la chapelle qui représente la salle d'audience du souverain du ciel et de la terre :

« Merci, mon Dieu, de l'immense faveur que vous m'accordez : daignez écouter toutes les demandes que j'ose vous adresser pour chaque personne de ma famille. »

Puis, au moment où notre divin Sauveur descend sur l'autel à la voix du prêtre, représentez-vous le fils de votre souverain qui se jetterait aux pieds de son père en criant grâce pour vous si vous aviez mérité un châtiment, et demandez-vous si vous choisirez ce moment pour l'insulter par votre mauvaise tenue, par le bruit de vos mouvements, enfin par le peu de respect que vous porteriez à celui qui crierait grâce pour vous.

Vous répondrez toujours non, cela va sans dire. Et voilà pourtant ce que vous faites quand, au moment solennel de la consécration, vous ne redoublez pas de respect et d'attention, car que se passe-t-il alors, et que vous apprend votre catéchisme à ce sujet?

« Notre divin Sauveur, dit-il, renouvelle son sacrifice d'amour sur l'autel, et crie à son céleste Père : « Grâce, « mon Père, grâce pour vos pauvres enfants exilés, qui « sont ici présents ! encore un jour de pardon... je vous « le demande au nom du sang que j'ai versé pour eux !... « Accordez-leur tout ce qu'ils vous demandent, et rap- « pelez-vous que c'est pour eux que je suis mort sur la « croix. »

Et les grands mystères de la passion se renouvellent sous nos yeux.

Sans doute, mes chères amies, vous ne voyez ni la croix, ni les soldats, ni les juges, ni Pilate ; mais la foi nous apprend que c'est le même sacrifice sous les espèces du pain et du vin, et la même victime.

Aussi, à ce moment le plus auguste de l'audience divine, chacun doit demander au Créateur :

1° De protéger l'Église notre mère, et d'accorder à tous ses ministres, depuis le souverain pontife jusqu'au plus humble de ses serviteurs, toutes les vertus qui font les saints ;

2° De veiller sur la France, notre patrie, de la faire grande par la foi, de bénir son souverain en le rendant heureux dans ses entreprises et en le délivrant de ses ennemis ;

3° D'accorder à chacun des membres de votre chère famille toutes les faveurs particulières qu'ils peuvent mériter ;

4° De rendre au centuple à vos bienfaiteurs tout le bien qu'ils vous ont fait et de les bénir jusque dans leurs arrière-petits-enfants :

5° De rendre à vos ennemis le bien pour le mal, et de ne pas permettre qu'ils soient confondus dans leur malice, mais seulement qu'ils se taisent et vous laissent en repos;

6° De secourir les pauvres et tous ceux qui souffrent en général ;

7° D'accorder à tous les chers êtres que vous avez perdus le bonheur parfait pour lequel il les avait crées.

Après toutes ses demandes, qui sont un devoir sacré à remplir, puisque vous devez votre amour à l'Église votre mère, à la France votre patrie, à la famille au milieu de laquelle vous êtes née ; votre reconnaissance à vos bienfaiteurs, votre pardon à vos ennemis, votre charité aux pauvres et votre souvenir de cœur à vos chers défunts.

Après toutes ces demandes, disons-nous, vous pouvez en faire qui vous soient particulières à vous-même ; ainsi, par exemple, après avoir demandé la santé pour vos bons parents, la réussite des entreprises de votre frère, la foi pour une amie qui ne comprend pas le devoir, demandez la force de vous corriger de tel ou tel défaut qui vous domine, la vertu nécessaire pour le caractère difficile d'une personne avec laquelle vous êtes obligée de vivre, si vous vous trouvez dans ce cas. Rappelez-vous aussi que vous devez demander avant tout les choses du ciel, puisque vous savez que les autres vous seront données par surcroît.

Enfin, chères amies, il faut oser demander à cette divine audience toutes les faveurs spirituelles et temporelles qui peuvent assurer votre bonheur. Soyez bien persuadées que Dieu daignera vous accorder tout ce qui ne sera pas contraire aux intérêts de ce même bonheur, après lequel nous courons sans cesse quand souvent il est en nous.

Mais, pour bien demander à Dieu ce que nous désirons obtenir de sa bonté, il faut avoir soin de l'implorer, en disant : « C'est au nom et par les mérites de votre cher Fils, mort par amour pour nous, que j'ose vous demander tous ces bienfaits, et je le sais, ô mon Dieu ! vous ne pouvez rien me refuser en présence de la victime sainte qui renouvelle ici sur l'autel son sacrifice divin. »

Croyez-vous, mes chères amies, que, si vous employiez ainsi le temps de l'audience divine, c'est-à-dire de la sainte messe, une demi-heure vous paraîtrait longue ?

Non, bien certainement, car vous auriez à peine adressé toutes vos demandes que l'audience serait terminée, et la dissipation n'aurait pas eu le temps de s'emparer de vous.

Mais, hélas! que d'enfants étourdis se tiennent mal à l'église pendant l'auguste sacrifice, et insultent ainsi le souverain du ciel et de la terre qui leur accorde une audience si précieuse !

Ah ! de grâce, n'imitez jamais deux petites filles que nous avons entendues causer tout haut pendant la consécration, moment le plus solennel de la messe, et cela un jour de Noël.

Pauvres enfants ! sans doute elles ne savaient pas à quelle audience elles avaient l'honneur d'assister, et elles se tenaient devant le Maître du ciel et de la terre comme elles n'eussent pas osé le faire devant la plus modeste autorité de leur pays.

§ II

> Par la confession, on s'affermit dans le bien, on connaît à fond le mal, on s'en sépare, on s'unit à Dieu : cela est incontestable.
> (NAPOLÉON 1er.)

Après ce premier moyen infaillible, chères amies, le second dont nous allons parler est l'acte d'humilité le plus sublime auquel l'orgueil humain puisse se soumettre pour racheter les fautes qu'il a commises.

Comme nous l'avons dit plus haut, mes chères enfants, rien ne désarme mieux les parents et des maîtres offensés, que ces mots : « J'ai eu tort, — je me repens, — pardonnez-moi. »

De même, rien ne désarme Dieu, quand nous l'avons offensé, comme l'aveu sincère de nos fautes, fait aux pieds de son ministre ; et la confession est l'acte d'humilité le plus complet que nous puissions accomplir.

Pourquoi l'appelons-nous aussi acte sublime, nous demanderez-vous, chères amies ?

Parce que c'est celui qui exige le plus grand courage et que rien ne coûte plus au cœur à tous les âges de la vie.

Par exemple, mes amies, quand vous avez eu le malheur d'offenser votre père et de lui faire beaucoup de peine, osez-vous lui parler comme vous le faites d'ordinaire ? avez-vous la hardiesse de le regarder et de lui demander ce que vous désirez ?

Non, n'est-ce pas ? et au contraire, vous éprouvez une grande gêne en sa présence ; vous craignez de rencontrer son regard, enfin vous n'osez pas lui adresser la parole.

Mais voici votre mère, qui dit tout bas :

« Demande pardon à ton père, dis-lui que tu as du regret de la faute que tu as commise, que tu feras tous tes efforts pour te corriger, allons ! mon enfant, va sans crainte, un peu de courage ! vois, ce bon père n'attend que ton aveu pour te pardonner. »

Et bien ! si vous hésitez à suivre ce conseil, si vous manquez de courage pour avouer votre faute, vous resterez inquiète, malheureuse, et ce triste état de votre cœur cessera seulement lorsque, repoussant l'orgueil qui s'oppose à votre repentir, vous tomberez aux genoux de votre père, en lui disant :

« Oh ! pardonnez-moi, je vous en conjure, la peine que je vous ai causée ; je me repens de tout mon cœur ! »

Que fait alors ce bon père, qui souffrait de votre éloignement et de votre faute ? Il vous relève aussitôt, et vous dit avec une tendresse ineffable en vous embrassant :

« Je te pardonne, ma chère enfant ; que tout soit donc oublié, et ne parlons plus jamais de tout ce qui vient de se passer. »

Et quel effet produiraient sur votre cœur ces douces et délicieuses paroles ?

Elles le délivreraient à l'instant d'un poids bien lourd, elles lui rendraient toute sa joie, toute sa liberté ; alors vous oseriez le regarder, ce père bien-aimé, vous vous croiriez autorisée à lui demander tout ce qui vous est nécessaire, car vous vous diriez qu'à présent qu'il vous a pardonné, il ne peut rien vous refuser. C'est vrai, et, en outre, il doit être fier de pouvoir se dire en lui-même :

« Si mon enfant a commis une faute, il a eu le courage, la vertu de l'avouer ; oh ! faites, mon Dieu, qu'il en soit toujours ainsi chaque fois qu'il aura le malheur d'en commettre d'autres, en ne faisant pas le bien, qui, seul, conduit à vous ! »

De même que pour votre père, quand vous aurez offensé Dieu, vous serez tristes, malheureuses, et vous ne retrouverez le calme et la joie qu'après avoir eu le sublime courage d'aller lui avouer votre faute ; aussi, jeunes amies, si vous savez dès l'enfance vous exercer à ce courage dans les plus petites circonstances et vous relever par l'aveu de vos fautes, chaque fois que vous aurez failli, vos cœurs seront purs et vous deviendrez capables des plus belles et des plus nobles actions.

Mais, au contraire, si vous écoutez le plus dangereux des conseillers, l'orgueil, si vous êtes lâches, c'est-à-dire que vous manquiez du courage nécessaire pour avouer vos fautes, vous vieillirez sans être capables d'aucune action ni grande ni généreuse.

§ III

> La communion guérit les vices, affermit la foi, fortifie l'espérance et enflamme l'amour. (*Imitation de J.-C.*)

Le troisième moyen dont nous allons vous parler, mes chères amies, est aussi nécessaire à l'âme que le pain l'est au corps; aussi en est-ce la nourriture, sans laquelle, dans les grandes luttes de la vie, les forces lui manqueraient pour faire le bien.

Comment donc se nomme-t-il, ce moyen si puissant?

Il se nomme le pain des anges, le pain des voyageurs, la sainte communion, en un mot.

Mais pourquoi donc la sainte communion est-elle appelée le pain des anges, dites-vous ?

Parce que c'est la manne céleste de nous autres chrétiens, pauvres exilés ici-bas, dont le ciel est la patrie.

Pourquoi, direz-vous encore, est-ce le pain des voyageurs ?

Parce que nous, qui avons le bonheur de recevoir ce pain céleste, nous sommes des voyageurs sur une terre étrangère, le ciel étant notre véritable patrie, et non ce triste monde où nous ne faisons que passer le temps de notre exil, et où nous devons nous efforcer d'être fidèles à la loi du bon Dieu.

Mais, demandez-vous, qu'est-ce donc que ce pain des anges, qui sert de nourriture à l'âme? et de quoi est-il fait pour être si précieux ?

Ah ! chères amies, c'est ici que l'amour de Dieu surpasse tout ce que la faible raison humaine pourra jamais concevoir; car ce pain des anges, ce pain des voyageurs, n'est autre que Dieu lui-même, sans qui le bien n'est pas possible, puisqu'il en est la source, le principe, ainsi que vous l'enseigne votre catéchisme.

Donc, plus vous recevrez souvent dans la vie ce pain divin, plus vous aurez de force pour faire le bien et pour supporter les douleurs, les maladies et les épreuves de tous genres qui sont le partage de notre triste exil.

Il y a de malheureux ignorants, de superbes orgueilleux à qui vous entendez dire beaucoup trop souvent :

« C'est bien étrange, j'ai de bonnes intentions, je désire faire le bien, et il suffit que je me mêle d'une bonne action pour qu'elle ne réussisse pas. »

Les insensés! ils vivent sans se rappeler qu'ils ont une âme immortelle qu'il faut nourrir pour qu'elle ne tombe pas en défaillance; ils s'éloignent de Dieu, et ils espèrent faire le bien sans lui!...

Quelle ignorance! et combien il faut plaindre et non pas condamner ceux qui parlent ainsi, car ces malheureux n'ont manqué à leurs devoirs que parce qu'on n'a jamais su les leur faire bien comprendre, et c'est à ceux qui les ont mal élevés que Dieu demandera un jour un compte sévère de leur coupable négligence.

Pour vous, mes jeunes amies, qui avez le bonheur de connaître ces trois moyens infaillibles, soyez-y fidèles pendant toute la durée de votre existence; alors, pour vous, les deux conditions nécessaires au vrai bonheur vous deviendront plus faciles à remplir, et chaque jour de votre vie sera marqué par un progrès dans le bien et par un plus grand amour du devoir!...

De plus, ces moyens puissants vous aideront, chères enfants, à imiter le beau modèle qui nous est offert avec celui du divin Sauveur. Nous voulons parler de l'humble et douce Marie, qui est bien le modèle par excellence de la femme parfaite.

Demandez donc à cette bonne mère de vous obtenir de Jésus, son divin fils, le courage de combattre vos défauts et de les remplacer successivement par toutes les vertus qu'elle a possédées, ici-bas, jusqu'au sublime.

Mais, pour être capable d'imiter Marie, il faut d'abord que l'éducation pratique vous apprenne comment le faire, car il serait difficile d'être douce sans savoir ce que c'est que la douceur; généreuse, dévouée, humble, modeste, sans connaître en quoi consistent la générosité, le dévouement, l'humilité, la modestie.

QUESTIONNAIRE.

1. Pour remplir ici-bas les deux conditions du bonheur, combien y a-t-il de moyens infaillibles?

2. Que peut-on appeler l'audience divine la plus solennelle?

3. Qu'entend-on par ce mot : audience ?

4. Comment se prépare-t-on à une audience accordée par son souverain ?

5. Comment se tient-on en sa présence? tourne-t-on la tête à droite, à gauche, sans même le regarder ?

6. Obtiendrait-on quelque grâce d'un souverain qu'on offenserait par une tenue sans respect ?

7. Qu'arrive-t-il quand nous assistons à la sainte messe avec dissipation ?

8. Que doit-on dire en entrant dans l'église, qui représente le palais du souverain du ciel et de la terre ?

9. Que se passe-t-il au moment de la consécration, et que dit Dieu le Fils de son Père ?

10. Quelles sont les sept demandes qu'il faut faire à la messe au nom des mérites de Notre-Seigneur?

11. Pourquoi ces sept demandes sont-elles un devoir sacré ?

12. Que peut-on demander à la sainte messe ?

13. La messe paraitrait-elle longue si l'on priait ainsi ?

14. Citez l'exemple de deux ignorantes qui assistaient au saint sacrifice de la messe sans attention.

15. Quel est l'acte le plus sublime auquel l'orgueil humain puisse se soumettre pour racheter ses fautes ?

16. Que se se passe-t-il quand un enfant a offensé son père, et que doit-il faire pour retrouver la joie de la conscience ?

17. Que faut-il faire chaque fois qu'on manque ici-bas aux deux obligations du bonheur, et à quel courage doit-on s'exercer dès l'enfance ?

18. Pourquoi la sainte communion est-elle appelée le pain des anges, le pain des voyageurs ?

19. Quelle nourriture divine est aussi nécessaire à l'âme que le pain l'est au corps, et qu'arrive-t-il quand on a le bonheur de communier souvent ?

20. Peut-on faire le bien sans le secours de Dieu ?

21. Quels moyens infaillibles faut-il donc employer pour être fidèle toute la vie aux deux conditions d'un bonheur éternel ?

22. Outre le divin Sauveur, quel est le modèle que nous devons chercher à imiter pour remplir tous *nos devoirs* ?

23. Que faut-il demander alors à Marie ?

24. Que faut-il faire d'abord pour être capable d'imiter Marie ?

25. Pourquoi faut-il commencer par comprendre les vertus qu'on veut pratiquer ?

QUINZIÈME ENTRETIEN

Les deux journées de Clotilde.

Veillez et priez, afin que vous n'entriez point en tentation.   (Saint Marc.)

La conscience est le lien mystérieux jeté entre la matière et l'esprit; c'est la subtile et impalpable puissance qui communique en même temps avec le corps; avec l'âme et avec Dieu.

(Nadault de Buffon.)

PREMIÈRE JOURNÉE.

Pour vous prouver, mes chères enfants, que le seul devoir qui résume tous les autres est celui d'aimer Dieu, supposons qu'une de vos compagnes, nommée Clotilde, se lève sans faire sa prière, qu'ainsi elle refuse à Dieu l'amour dont elle lui doit l'hommage dès que ses yeux sont ouverts, et voyons comment va se passer sa journée.

Dieu est si parfaitement bon, mes chères amies, qu'il n'a pas voulu nous laisser voyager jour et nuit sur la terre sans nous permettre de nous reposer, et ce tendre père s'est dit :

« S'ils marchent toujours, ils se fatigueront promptement, alors ils perdront courage, et manqueront par faiblesse aux deux conditions de leur bonheur ici-bas. Je vais donc leur accorder tous les jours un repos réparateur pour ranimer leurs forces, un doux sommeil enfin, pendant lequel ils oublieront les épreuves de la journée, et, quand je les réveillerai le lendemain, ils continueront leur voyage sur la terre d'exil avec un nouveau courage. »

Ainsi, c'est par la volonté de Dieu seul, mes chères amies, que vous vivez et que vous vous réveillez, chaque matin, le corps et l'esprit reposés. Votre premier devoir, en ouvrant la paupière, n'est-il pas alors de le remercier de vous avoir encore accordé un jour pour l'aimer, et ne vous dit-il pas, tous les matins, par la voix de votre conscience : « Je te laisse encore la vie pour me servir, pour faire le bien. Gagne ton bonheur à ce prix; mais souviens-toi que, pour le faire, ce bien qui seul te mérite ma protection, il faut m'aimer, car je suis l'unique auteur de toutes choses, et, si tu me refusais ton amour, tu t'éloignerais de la source du bien. »

Voilà, chères enfants, ce que Dieu nous dit à tous lorsqu'il nous réveille chaque jour.

Mais Clotilde fut sourde à cet avertissement du Père céleste; la paresse la dominait et elle se rendormit avec insouciance. Ce sommeil fut mauvais et de courte durée; aussi quelques instants après, se réveillant en sursaut, elle regarda l'heure, et s'écria :

« Bientôt huit heures ! ah ! qu'il est tard !... quel ennui ! la classe sera commencée quand j'arriverai et je serai grondée !

« Eh bien, tant pis ! ajouta-t-elle en se dépêchant de s'habiller, je n'ai pas le temps de faire ma prière ce matin; tiens ! pour une fois, je puis bien m'en dispenser... » Et c'était absolument comme si Clotilde eût dit :

« Mon Dieu, je ne veux pas vous aimer, car je puis me

passer de vous pour faire le bien ; et si je consens à accepter de votre bonté à mon réveil l'âme, l'intelligence et
la santé, je n'ai pas le temps de vous dire merci. »

Et ces paroles seraient une preuve de la plus affreuse des
ingratitudes, n'est-ce pas, mes enfants?

Supposons encore maintenant qu'une amie de Clotilde
vienne la voir de grand matin, un jour de congé, et lui dise
avec tendresse :

« Bonjour, ma chère amie, maman m'a donné la permission de venir passer toute la journée avec toi, quel bonheur ! nous ne nous quitterons pas un seul instant ; tiens !
je t'apporte des fleurs, des fruits, des images, un livre d'his-
toires ; prends, tout cela est pour toi, ma bonne chérie. »

Et si Clotilde, au lieu d'embrasser cette amie si généreuse, de la remercier de ses cadeaux, lui disait d'un ton
fort maussade, en lui tournant le dos :

« Ah ! je n'ai pas le temps de rester avec toi, Jeanne, ni
de te remercier, je suis trop pressée ; au revoir donc ! laisse-
moi tranquille, etc..... »

Que ferait l'amie, blessée de cette conduite? est-ce
qu'elle voudrait rester avec Clotilde, malgré son refus?

Non, mes enfants, Jeanne s'éloignerait tristement et
sans rien comprendre à la conduite ingrate de Clotilde ;
elle se dirait le cœur gros :

« C'est bien extraordinaire ; Clotilde m'aimait encore
hier, elle m'appelait son amie, et voilà qu'aujourd'hui elle
accepte mes petits cadeaux sans même m'en remercier :
oh ! bien certainement ce n'est que par étourderie qu'elle
se conduit ainsi !... elle va me rappeler, car elle n'est pas
ingrate ; aussi ne vais-je m'éloigner que lentement, dans
cette espérance. »

Si quelques instants après, en effet, Clotilde, oubliant la conduite ingrate qu'elle venait de tenir, se disait, en regardant avec inquiétude autour d'elle :

« Mais, mon Dieu! où est donc Jeanne? elle m'avait dit qu'elle venait passer la journée avec moi; elle m'a apporté plusieurs cadeaux à cette intention, et la voilà déjà partie! que signifie cette conduite? »

Et tout à coup Clotilde, se rappelant sa réception désobligeante, s'écrierait :

« Ah! qu'ai-je fait! Jeanne est arrivée au moment où j'étais très-pressée; je lui ai dit que je n'avais pas le temps de rester avec elle, ni même de la remercier pour ses attentions affectueuses, et je l'ai priée de me laisser tranquille; elle a dû penser que je ne l'aimais plus!.. Oh! non, cette chère amie me connaît trop pour me soupçonner d'être une ingrate ; je suis sûre qu'elle n'est pas bien loin et qu'elle attend que je la rappelle... »

Puis, tout en se parlant ainsi, Clotilde s'écrie de toutes ses forces :

« Jeanne! ma bonne Jeanne! reviens, je t'en supplie. »

Jeanne entend la voix de son amie; elle s'arrête et se dit avec joie :

« Non, je ne me trompe pas, c'est Clotilde qui m'appelle! je savais bien qu'elle m'aimait toujours et qu'elle ne pouvait pas être une ingrate! »

Puis Jeanne revient avec empressement près de Clotilde, qui lui demande avec une certaine honte :

« Mais pourquoi donc es-tu partie sitôt, Jeanne, lorsque tu venais pour passer la journée avec moi? »

A cela Jeanne répondrait avec raison :

« Parce que tu m'as tourné le dos en me disant que tu

n'avais même pas le temps de me parler : n'est-ce pas m'engager à m'éloigner, car je ne pouvais pas rester ici malgré toi?

— Tu me connais portant, chère Jeanne, reprit vivement Clotilde, et tu aurais dû penser que je n'avais pas réfléchi en prononçant ces paroles qui t'ont blessée : enfin, c'est par étourderie et par légèreté que je t'ai mal reçue, mais malgré cela, tu sais bien que je t'aime, n'est-ce pas?... Aussi je t'en conjure, pardonne-moi et embrassons-nous de bon cœur, si tu veux que je sois contente. »

Jeanne consentira-t-elle à rester avec Clotilde, qui cette seconde fois lui fait un si bon accueil?

Sans doute, mes enfants, et elle se sentira bien heureuse de retrouver une amie qu'elle aime tant, et de voir qu'elle ne s'est pas trompée en la jugeant incapable d'ingratitude.

Eh bien ! lorsque Clotilde a dit en se levant trop tard :

« Ma foi, tant pis ! je n'ai pas le temps de rendre à Dieu mon amour; je ne ferai pas ma prière ce matin, et je puis bien m'en dispenser... »

Que s'est-il passé ?

Dieu s'est dit :

« Voilà une de mes pauvres enfants qui me refuse son amour, qui n'a pas le temps de m'appeler près d'elle, et qui s'éloigne de moi au contraire; pourtant elle n'ignore pas que je suis la source du bien, que sans moi elle ne fera que le mal; peut-être va-t-elle se repentir et me rappeler... » Car vous le savez, mes amies, Dieu, qui est la bonté par excellence, nous dit sans cesse à tous :

« Quand vous vous serez éloigné de moi, quand vous

aurez cessé de m'aimer, quand enfin le mal aura pris ma place dans votre cœur, je n'attendrai, pour venir le chasser, que l'aveu de votre faute et votre repentir sincère; alors avec moi, qui en suis la source, vous pourrez encore faire le bien auquel est promis un bonheur éternel.

Mais je veux vous prouver encore par une dernière comparaison que, pour accomplir le bien, il faut être près de la source d'où il émane.

Supposez que deux petites villageoises se promènent un jour d'été dans une grande plaine, la chaleur est forte et elles ont une soif ardente; tout à coup, rencontrant un voyageur, elles lui demandent s'il ne peut pas leur indiquer une source d'eau pour se désaltérer.

« Oui, mes enfants, répond celui-ci : tout au bout de la plaine à droite, vous trouverez une petite rivière bien ombragée et bien fraîche. »

Mais comme ce sont deux pauvres ignorantes, qui ne savent pas même distinguer leur droite de leur gauche, elles tournent leurs pas du côté opposé à celui qu'elles doivent prendre.

Est-ce le bon moyen pour satisfaire leur soif?

Mais non, répondrez-vous : puisqu'elles vont à gauche tandis que la source est à droite, elles ne pourront pas boire évidemment!

Or, voilà précisément ce que fait Clotilde : quand elle refuse à Dieu son amour, elle s'éloigne de la source du bien. Examinons donc maintenant comment va se passer sa journée.

A peine Dieu est-il repoussé de son cœur par l'ingratitude, que ce cœur reste seul et sans défense, car chez l'enfant de la terre le vide n'est pas possible, et il faut qu'il se trouve toujours en son âme, ou le bien qui est Dieu ou le mal qui est le démon.

Que se passe-t-il donc alors dans un cœur aussitôt qu'il s'éloigne de Dieu, en commençant la journée par une ingratitude? Ce qui s'y passe, le voici :

A peine Clotilde a-t-elle dit :

« Oh! je suis trop en retard; tant pis! je ne ferai pas ma prière ce matin..... »

Que l'esprit du mal, qui l'entend, s'écrie avec joie :

« Voilà un enfant de la terre qui s'éloigne de Dieu en lui refusant son amour; donc son cœur est libre; allons vite nous y installer. »

Et, en y entrant, il ajoute :

« Ah! tu m'appartiens donc enfin, créature privilégiée; tu voulais gagner le bonheur aujourd'hui en faisant le bien, mais je t'en empêcherai, moi, car je suis le mal et avec moi tu te perdras! »

Que va-t-il arriver?

Clotilde s'habille à la hâte, se peigne mal, se lave à peine le visage et les mains, et entre dans la chambre de sa mère d'un air maussade et sans même lui dire bonjour :

« Ah! c'est toi, ma fille, s'écrie la maman, un peu mécontente du retard; dépêche toi d'allumer le feu, de préparer le déjeuner, d'habiller ta petite sœur; car je suis malade, et je voudrais me reposer un peu. »

A ces divers ordres de sa mère, que va répondre Clotilde, dont le mal remplit le cœur à la place du bien?

Écoutez-la, enfants, pour ne pas l'imiter.

« Tiens! c'est bien agréable ça? il faut que je fasse tout ici ! Mais je ne sais pas allumer le feu, moi ! ni faire le déjeuner non plus ! et puis, je suis déjà en retard pour la classe, et ma maîtresse me grondera ; quel ennui !

— Comment ! ajoute sa pauvre mère, je te dis que je suis malade, et voilà ce que tu me réponds, à moi qui t'ai soignée depuis le jour de ta naissance et sans me plaindre jamais ? Ah ! vilaine ingrate ! va-t'en à la classe, va, ne touche à rien, mais souviens-toi que Dieu ne bénira pas ta journée, car il ne peut pas bénir une fille ingrate envers sa mère. »

Et la pauvre mère dit la vérité, puisque la première action de Clotilde a été une monstrueuse ingratitude envers Dieu en ne le priant pas.

Enfin, Clotilde arrive à la classe, mécontente d'elle-même ; elle y entre sans saluer, et n'ose lever les yeux sur personne.

Mais pourquoi, nous demanderez-vous, ce mécontentement et cette honte ?

Ah ! mes chères amies, l'enfant de Dieu cesse de regarder le ciel quand il a laissé entrer le mal dans son cœur, parce que, malgré lui, sa conscience lui reproche de ne pas avoir fait son devoir.

Mais la maîtresse, en voyant paraître Clotilde à la porte de la classe, lui dit sévèrement :

« Pourquoi ne saluez-vous pas, comme c'est l'usage, et pourquoi venez-vous aussi tard ? serait-il donc arrivé quelque chose chez vous, ce matin ? »

Clotilde, en entendant la maîtresse parler ainsi, fait la moue, et elle est contrariée de cette question que va-t-elle y répondre ?

Rompant avec le mal, qui est le démon de l'orgueil et du mensonge, aura-t-elle le courage de dire la vérité ?

Non, mes amies, non, et pourtant ce courage eût pu racheter sa faute.

Au contraire, le mal lui souffle tout bas un mensonge, et elle répond sèchement et d'un air embarrassé :

« C'est maman qui a eu besoin de moi, Madame. »

Oh ! la vilaine menteuse ! nous l'avons vue se refuser à rendre le moindre service à sa pauvre mère malade, et elle ose dire que c'est celle-ci qui l'a retenue près d'elle !

Mais naturellement le mal poursuit son œuvre et veut lui faire perdre le bonheur.

La maîtresse, étonnée du ton malhonnête avec lequel lui parle Clotilde, lui en témoigne aussitôt son mécontentement.

« Comme vous me répondez impoliment, mon enfant ! qu'avez-vous donc ? seriez-vous malade par hasard ?... »

Hélas ! oui, elle était malade, l'ingrate Clotilde, car, avec l'esprit du mal dans le cœur, est-ce qu'on se porte bien ?... Non, n'est-ce pas, mes amies ?...

Seulement, si la pauvre malade avait eu alors le courage que Dieu demande pour nous guérir, et si elle avait dit humblement à sa maîtresse :

« Oh ! oui, Madame, je suis bien malade; ce matin, j'ai été paresseuse, et, dans la crainte d'être en retard, je n'ai pas fait ma prière; j'ai donc refusé à Dieu ce que je lui dois de reconnaissance et d'amour pour tout ce qu'il me prête au réveil, et le mal est venu prendre sa place dans mon cœur ; voilà pourquoi je suis malade.

« Pauvre enfant ! se fût écriée aussitôt la maîtresse. Eh bien ! employez vite le remède infaillible pour vous guérir ; hâtez-vous de faire cette prière ; demandez pardon sincèrement au bon Dieu de lui avoir refusé votre amour ; rendez-le-lui, cet amour qui lui est dû ; il n'attend que votre aveu et votre repentir pour vous pardonner et reprendre sa place dans votre cœur. A son approche le mal s'enfuira aussitôt, parce que Dieu et le démon ne peuvent jamais se trouver ensemble. Et avec Dieu même pour protecteur, vous recommencerez à faire le bien, seule condition de votre bonheur en ce monde. »

Voilà ce remède infaillible qu'eût proposé la bonne maîtresse, et Clotilde aurait été guérie ; mais la faible enfant manque de courage pour avouer sa faute, et sa maîtresse, ne sachant pas en quoi consiste le mal dont elle souffre, se contente de la plaindre sans pouvoir la soulager.

La journée de Clotilde continue ; ses leçons sont mal apprises, ses devoirs mal faits, et ses prières mal dites, parce qu'elle a l'esprit troublé par sa mauvaise action du matin.

Une des compagnes de Clotilde lui demande de vouloir bien lui prêter son catéchisme parce qu'elle a oublié le sien à la maison.

Et aussitôt celle-ci lui répond avec un air de très-mauvaise humeur :

« Tu m'ennuies ! tu oublies toujours tes livres..... Eh bien ! tant pis pour toi si tu ne sais pas ta leçon ! car je ne veux pas te prêter mon catéchisme.

— Pourquoi donc te fâches-tu comme ça, reprend sa compagne toute surprise d'un si maussade refus, et comme tu es drôle ?

— Qu'est-ce que cela te fait si je suis drôle ? est-ce que

cela te regarde ? réplique Clotide de plus en plus grognon ;
tiens ! par exemple, comme si je n'étais pas la maîtresse
de mes livres !... »

Voilà pourtant comment le méchant esprit du mal fait
agir une pauvre enfant dont il s'est emparé !

Après la classe, Clotilde revient chez elle, et sa mère,
qui n'a pas oublié sa conduite ingrate du matin, lui dit
alors :

« Eh bien ! ma fille, j'espère que tu t'es mieux conduite
à la classe que tu ne l'as fait ici ?... Mais qu'as-tu donc ?
pourquoi baisses-tu les yeux ? que s'est-il passé ?... Allons !
veux-tu me répondre ? »

Et, en effet, Clotilde baisse les yeux, car elle n'a plus le
droit de regarder le ciel, puisqu'elle n'a fait que le mal;
mais, voulant s'excuser, et toujours sous l'inspiration du
mal, elle ment à sa mère comme elle avait déjà menti le
matin à sa maîtresse : sa mère, qui s'aperçoit du trouble
de Clotilde, ajoute aussitôt :

« Tu ne me dis pas la vérité ; j'irai demain voir ta maîtresse, je saurai ce qui s'est passé. Du reste, rien de
cela ne m'étonne, car Dieu ne pouvait pas bénir la journée d'une fille ingrate ; va-t'en donc dans ta chambre,
que je ne te voie plus aujourd'hui, et j'espère que demain
tu te conduiras mieux, car, si tu ne te corrigeais pas, tu
me rendrais sérieusement malade par le chagrin que tu
me causerais. »

Une fois que la pauvre Clotilde est seule, et avant de se
coucher pour jouir du repos que Dieu accorde à ses enfants pour réparer leurs forces, elle fait enfin ce qu'elle
aurait dû faire dès le matin même : elle pense à Dieu,
examine son cœur, et se dit bientôt avec tristesse :

« Comme j'ai été malheureuse aujourd'hui ! et pourquoi donc n'ai-je fait que du mal ? J'aime ma mère de tout mon cœur, et pourtant je ne lui ai causé que des chagrins; je me suis fait gronder par ma maîtresse; j'ai été maussade avec mes compagnes que j'aime beaucoup aussi certainement; mais qu'est-ce que tout cela signifie? et pourquoi ai-je fait souffrir tous les êtres bons que Dieu m'a donnés à aimer?... »

Mais tout à coup elle se souvient, et s'écrie :

« Ah ! je connais à présent la cause de tout le mal que j'ai fait: ce matin j'ai été paresseuse : je ne me suis pas levée quand Dieu m'a réveillée, et, me trouvant en retard, je n'ai pas fait ma prière; j'ai donc refusé à Dieu ce que je lui devais; j'ai accepté l'âme, l'intelligence, la santé, sans l'en remercier : je l'ai éloigné de mon cœur en lui refusant mon amour, et l'esprit du mal est venu prendre sa place ; voilà pourquoi je n'ai fait que du mal toute la journée, car est-ce qu'avec le mal pour guide on peut jamais faire le bien ?

« Pardonnez-moi donc, ô mon Dieu ! dit-elle en tombant à genoux, pardonnez à votre pauvre enfant égarée qui a cru que sans vous le bien était possible ? je me repens de tout mon cœur, et, avant de jouir du repos que votre tendresse m'accorde et que mon ingratitude ne m'a pas mérité, laissez-moi vous donner mon cœur à garder, vous suppliant de le défendre cette nuit, afin que l'esprit de paresse ne s'en empare pas ; et si demain votre volonté adorable me prête encore un jour pour vous aimer, un jour pour faire le bien, ah! mon Dieu, je tâcherai de vous aimer de toute mon âme et de regagner ce que j'ai perdu aujourd'hui : le bonheur ! »

QUESTIONNAIRE.

1. Quel est le devoir qui résume tous les autres ?

2. Qu'est-ce que Dieu, dans son immense bonté, nous accorde pour nous reposer chaque jour ?

3. Par quelle volonté ouvrons-nous chaque jour les yeux, et qu'est-ce que Dieu nous dit au réveil ?

4. Pourquoi Clotilde n'entend-elle pas la voix qui la réveille, et que dit-elle en se levant ensuite trop tard ?

5. Quelle faute bien grave commet-elle en ne faisant pas sa prière ? et citez la comparaison de son amie qu'elle refuserait de recevoir après avoir accepté ses cadeaux ?

6. Que s'est-il passé lorsque Clotilde n'a pas fait sa prière et a refusé ainsi de rendre à Dieu son amour qu'elle lui devait ?

7. Est-il possible de faire le bien sans le secours de Dieu ? Citez une comparaison qui prouve qu'il faut être près de la source du bien pour le faire ?

8. Que se passe-t-il dans un cœur aussitôt qu'il commence la journée par l'ingratitude, en refusant de faire sa prière ?

9. Que fait Clotilde en se levant, et comment répond-elle à sa bonne mère qui lui demande un service ?

10. Comment Clotilde entre-t-elle dans la classe, et que dit-elle à sa chère maîtresse qui lui reproche d'être en retard ?

11. Qui lui souffle un affreux mensonge pour s'excuser ?

12. Pourquoi Clotilde est-elle malade en agissant ainsi ?

13. Quand on ramène Dieu dans son cœur par le repentir, que devient le mal à son approche et pourquoi s'enfuit-il ?

14. Racontez la conduite de Clotilde pendant la classe et son retour chez elle ; que répond-elle à sa pauvre mère ?

15. Pourquoi Clotilde n'a-t-elle plus le droit de regarder le ciel à la fin de la journée ?

16. Que fait Clotilde avant de se coucher, et à quoi pense-t-elle enfin ?

17. Après un retour sur sa journée, de quoi se souvient-elle tout à coup ?

18. Avec l'esprit du mal dans le cœur peut-on faire le bien ?

19. Dites la prière que Clotilde adresse à Dieu pour lui exprimer son repentir ?

SECONDE JOURNÉE.

Mais voyons maintenant, mes chères amies, comment va se passer la seconde journée de Clotilde.

Le lendemain, aussitôt que Dieu lui permet d'ouvrir les yeux et qu'il lui dit tout bas :

« Enfant de la terre, réveille-toi, tu as encore un jour pour m'aimer, un jour pour faire le bien : gagne donc le bonheur à ce prix, etc., etc.... »

Clotilde se lève promptement, et sa première pensée est celle-ci :

« Mon Dieu, je vous offre mon cœur ! merci de me prêter encore ce jour pour regagner ce que j'ai perdu; ne me quittez plus, mon Père, car sans vous le bien n'est pas possible : votre pauvre enfant en a fait hier la triste expérience. »

Puis, après que sa prière est achevée, Clotilde entre tout doucement chez sa mère, qu'elle trouve dormant encore.

« Ah ! tant mieux, ma chère maman n'est pas réveillée, se dit-elle : je vais alors lui faire la surprise d'allumer le feu, de préparer le déjeuner, d'habiller ma petite sœur, que je conduirai à la salle d'asile ; quel bonheur j'éprouverai en lui causant cette agréable surprise ! »

Elle se met aussitôt à l'œuvre, et comme, au moment de partir pour aller à la classe, Clotilde entend remuer sa mère, elle s'approche tout doucement de son lit, et lui dit bien bas :

« Tu peux te lever quand tu voudras, ma bonne mère ; tout est prêt ; le ménage est fait, et ma bonne petite sœur est habillée : regarde ! »

Et la mère toute joyeuse ne peut croire que c'est sa fille qui lui parle ainsi; elle pense qu'elle rêve encore, qu'elle est le jouet d'un songe trompeur qui lui montre son enfant comme elle serait heureuse de voir sa Clotilde : aussi dit-elle tout haut :

«Ah ! si j'avais une fille comme celle-là !

— Mais, maman, reprend Clotilde toute surprise, c'est moi qui te parle ; tu ne reconnais donc pas ma voix ?

— Comment ! ma fille, s'écrie la mère en jetant un coup d'œil sur le ménage si bien fait, sur sa petite fille si propre, toute prête à partir pour aller à l'asile; comment ! c'est toi qui m'as fait ces surprises !... Oh ! que tu es sage et gentille ! ce n'est donc plus comme hier ?... Mais viens que je t'embrasse, pour te remercier et pour t'assurer une journée heureuse, car Dieu bénit toujours une bonne fille. »

Clotilde arrive à la classe de bonne heure ; elle salue sa maîtresse qui, remarquant son extrême propreté et son visage joyeux, lui dit aussitôt :

« Bonjour, ma chère petite, pourquoi donc venez-vous si tôt aujourd'hui ?

— C'est, Madame, parce que je me suis levée plus matin qu'à l'ordinaire, répond poliment Clotilde, et j'ai pensé qu'en venant avant l'heure de la classe, je pourrais peut-être vous rendre quelques petits services à vous, qui êtes si bonne, ma chère maîtresse, que je ne sais comment vous en témoigner ma reconnaissance. Oh ! je vous en prie, dites-moi : que puis-je faire pour vous être utile ? avez-vous un ouvrage à finir ? dois-je préparer la classe, et y remettre chaque chose à sa place, avant l'arrivée de mes compagnes ? Dites-le-moi, je vous en supplie, je serai si heureuse de vous faire plaisir ! »

La maîtresse est comme la mère ; elle ne reconnaît plus son élève de la veille, et lui dit également :

« Merci, ma chère enfant. Mais que vous êtes aimable aujourd'hui ! aussi vous n'êtes plus malade, n'est-ce pas ?

— Oh ! non, Madame, répond Clotilde en souriant, parce qu'elle se souvient de sa maladie de la veille ; je vais très-bien, merci. »

Et cela voulait dire : « J'ai le bien dans le cœur à la place du mal. »

Durant le jour tout continua de marcher avec le même succès ; les leçons furent bien apprises, car ce fut Dieu qui les fit apprendre ; les devoirs furent bien faits, car Dieu les fit faire.

Une de ses compagnes lui demanda, comme une autre l'avait fait la veille :

« Clotilde, prête-moi ton Histoire sainte, s'il te plaît, car j'ai oublié la mienne à la maison.

— Oui, chère Marie, s'empressa-t-elle au contraire de répondre ; seulement tu me la rendras tout à l'heure pour que je puisse repasser ma leçon, n'est-ce pas ? »

Aussi Marie se prit-elle à dire à ses autres compagnes :

« Comme elle est complaisante aujourd'hui, Clotilde ! comme elle est bonne ! Dieu ! quelle différence avec hier !

— Silence ! Mesdemoiselles, dit à haute voix la maîtresse, hier, Clotilde était malade, et, lorsqu'on souffre, on est toujours excusable, quoi qu'on fasse. »

Ainsi, mes enfants, tout le monde demeura persuadé que Clotilde, la veille, était malade ; et on avait raison,

en effet, car elle souffrait de la plus dangereuse de toutes
les maladies, celle qui tue l'âme et lui ravit son bonheur, tandis que celle du corps, supportée avec patience
et résignation, est un moyen dont Dieu se sert pour nous
conduire à la perfection.

La journée finie, Clotilde revient de la classe, heureuse
et gaie, comme on l'est toujours après une journée bien
employée, et cette fois elle lève noblement la tête ; car elle
a le droit de regarder ce que l'on gagne par le bien : le ciel.

A son retour, sa mère qui n'a pas oublié sa belle conduite du matin, l'embrasse en lui disant :

« Eh bien ! ma chère fille, comme te voilà joyeuse !
tu as été contente de ta journée, n'est-ce pas ?

— Oh ! oui, chère maman, répond Clotilde : tout s'est
passé à merveille : ma maîtresse a été satisfaite, mes
gentilles compagnes ont été bien aimables pour moi, et
je suis très-heureuse. »

Dans la soirée encore, Clotilde rend à sa mère tous les
petits services qu'il est en son pouvoir de lui rendre ;
elle enlève le couvert et elle met tout en ordre dans la
maison, car elle se rappelle alors que Dieu est l'ordre et
que l'ordre nous conduit à Dieu.

Elle couche sa petite sœur, après lui avoir fait faire
sa prière, parce qu'elle a appris à ses dépens ce qu'il en
coûte de manquer à ce devoir sacré ; elle prend son
ouvrage, travaille près de son excellente mère, à qui
elle dit enfin bonsoir avec un tendre baiser, tout en lui
promettant d'être le lendemain la même fille qui l'a rendue si heureuse aujourd'hui....

Puis, avant de s'endormir, après sa prière, elle ose
dire à Dieu :

« O mon divin Père, quelle différence de ma journée avec celle d'hier, journée pendant laquelle j'avais fait souffrir tous ceux que vous m'avez donnés à aimer sur la terre, mes parents, ma maîtresse, mes compagnes, tandis qu'aujourd'hui je les ai rendus tous heureux et j'ai bien rempli tous mes devoirs ! Mais que dis-je ? ce n'est pas moi qui ai pu faire ce bien, c'est vous, mon Dieu, qui l'avez fait faire à votre enfant. Oh ! merci, merci ! je vous donne avec joie mon cœur à garder ; conservez-le toujours avec vous, et, si demain votre volonté adorable me prête encore un jour pour vous aimer, un jour pour faire le bien, ô mon bon Père, je tâcherai de vous aimer et de vous obéir encore mieux que je ne l'ai fait aujourd'hui ; et, le plus tôt possible, j'irai remettre de l'ordre dans ma conscience et me préparerai au bonheur de vous recevoir. »

Quelle est de ces deux journées de Clotilde celle que vous préférez, chères enfants ; est-ce la première ou est-ce la seconde ?

« La seconde, » vous écriez-vous aussitôt.

Oh ! vous avez raison, car la seconde est la journée du devoir bien rempli : c'est celle du bonheur, en un mot...

Que vos journées passent donc toujours ainsi, et n'oubliez jamais de bien faire votre prière matin et soir, car l'oublier ou la faire mal, c'est affaiblir également dans votre cœur la grâce que Dieu daigne y faire descendre pour nous aider à faire de bonnes actions.

Soyez constamment fidèles à ce premier devoir sacré : *Rendez à Dieu tout ce qu'il vous prête*, amour, intelligence, bonté, c'est-à-dire aimez-le en échange de ses dons, et rendez-lui chaque jour l'hommage de vos petits succès, de vos bonnes actions, car en ce monde tout vient de Dieu et c'est à lui que nous devons tout rapporter.

Et alors, quand viendra le soir, comme Clotilde, mes chères amies, vous vous endormirez bercées par le doux souvenir du bien que vous aurez fait pendant le jour.

QUESTIONNAIRE.

1. Que se passe-t-il le lendemain quand Dieu permet à Clotilde d'ouvrir les yeux, et quelle est sa première pensée?

2. Que fait Clotilde après sa prière? quelle surprise prépare-t-elle à sa mère?

3. Que pense la mère de Clotilde en se réveillant, et que dit-elle à sa fille?

4. Clotilde arrive-t-elle de bonne heure à la classe, et que remarque sa maîtresse?

5. Que répond-elle à sa maîtresse au sujet de son exactitude?

6. Que veut-elle faire pour témoigner sa reconnaissance à sa maîtresse?

7. Que lui dit sa maîtresse étonnée de son changement de conduite depuis la veille?

8. Comment Clotilde se comporte-t-elle pendant la classe, et qui l'aide à faire ses devoirs et à apprendre ses leçons?

9. Que répond-elle à Marie qui la prie de lui prêter son Histoire sainte?

10. Quelles sont les réflexions que font les compagnes de Clotilde?

11. Pourquoi Clotilde était-elle malade la veille, et quelle différence y a-t-il entre la maladie de l'âme et celle du corps?

12. Comment Clotilde revient-elle de la classe, et pourquoi lève-t-elle noblement la tête?

13. Que lui dit sa mère à son retour?

14. Que répond Clotilde à sa bonne mère?

15. Que fait Clotilde dans sa soirée?

16. Que promet Clotilde à sa mère en lui disant bonsoir?

17. Que dit Clotilde à Dieu avant de s'endormir?

18. Quelle est des deux journées de Clotilde celle que vous préférez? Pourquoi?

19. Ne pas faire sa prière par sa faute ou la faire mal, est-ce aussi coupable l'un que l'autre?

20. Quel est le devoir sacré ici-bas, et pourquoi doit-on rendre tout à Dieu?

En s'appuyant sur les préceptes que nous venons
d'exposer dans les quinze Entretiens précédents, il faut
rappeler sans cesse les enfants aux deux conditions qui
sont nécessaires au bonheur, sans craindre d'interrompre
pour cela une leçon de science, qui ne sera *jamais aussi
importante* que l'Éducation morale, qui doit être la grande
affaire de tous les instants et le but par excellence auquel
il faut atteindre.

Ainsi, par exemple, si une maîtresse aperçoit dans la
classe une élève qui pousse une de ses compagnes en la
frappant, elle doit lui dire aussitôt :

« Mon enfant, vous venez de manquer à l'obligation
d'aimer Dieu.

— Comment cela, Madame, demandera l'ignorante Zoé,
et qu'ai-je donc fait contre le bon Dieu ?

— Dites-moi, chère petite, aime-t-on le père dont on
frappe l'enfant ? lui demandera alors la maîtresse.

— Non, Madame, répondra Zoé.

Eh bien ! est-ce que votre compagne n'est pas l'enfant
du bon Dieu comme vous ?

— Oui, Madame.

— Alors, dites-moi si vous pouvez aimer Dieu, et faire

12

souffrir son enfant par votre manque de douceur et de bonté? Non, ma chère petite, vous devez comprendre que cela est impossible. »

Pendant la récréation, moment de la journée le plus favorable pour étudier le caractère des enfants, si la maîtresse voit une élève rendre à une compagne un coup qu'elle en a reçu, elle doit s'approcher de la coupable, et lui demander avec douceur :

« Dites-moi, ma fille, est-il permis de rendre le mal pour le mal?

— Non, Madame, répondra la coupable.

— Et comment nomme-t-on la vertu qui fait rendre le bien pour le mal? » demandera encore la maîtresse.

Ici hésitation de l'élève, et c'est ainsi qu'on trouve tout naturellement l'occasion de lui apprendre ce que c'est que la générosité, en ajoutant :

« Mon enfant, quel est celui qui est mort pour nous sur la croix, en pardonnant à ses bourreaux? C'est le Fils de Dieu, Dieu lui-même, n'est-ce pas? Eh bien, était-ce plus difficile de pardonner un coup qui vous a été donné par une de vos compagnes, dans la vivacité et l'étourderie de votre âge, qu'à Notre-Seigneur Jésus-Christ de pardonner les souffrances de la Passion?

— Oh! non, Madame.

— Alors donc, vous n'avez pas imité votre divin modèle, ma chère enfant; et non-seulement vous avez manqué de générosité en agissant contrairement à son exemple, mais vous avez cessé d'aimer Dieu par cette indigne action.

Eh bien, voulez-vous reconquérir le titre de son enfant que vous avez compromis?

— Oh ! oui, Madame, s'écriera la jeune repentante.

— C'est bien, et pour cela vous n'avez qu'un seul moyen à employer, c'est d'aller dire à votre compagne que vous regrettez beaucoup d'avoir manqué de générosité envers elle, puis priez-la de vous pardonner ; soyez sûre que, si vous agissez ainsi, Dieu, touché de votre courage, vous pardonnera du haut du ciel. »

Ici on trouvera peut-être la résistance de l'orgueil de l'enfant, qui se dira :

« Je viens de battre Élise parce qu'elle m'avait battue, et il faut que je lui demande pardon, pour cela ! Ma foi non ! je ne veux pas m'abaisser devant elle. »

En face de cette résistance, que l'institutrice se garde bien d'employer son autorité, mais qu'elle dise simplement et avec beaucoup de douceur :

« Vous ne voulez pas faire ce que je vous conseille, mon enfant ? eh bien, c'est que vous manquez de courage pour réparer vos fautes ; et comme Dieu ne demande qu'un repentir volontaire, je ne vous oblige pas non plus à agir contre votre volonté ; mais souvenez-vous seulement qu'après avoir manqué de générosité, vous ne pouvez plus être l'enfant de Dieu, tant qu'il ne vous aura pas pardonné, lui qui vous a offert un si sublime exemple de cette vertu, en pardonnant à ses bourreaux. »

L'enfant, touchée tout à la fois, et de la douceur de sa maîtresse et de la vérité de ses paroles, ne pourra pas rester longtemps sous le poids de cette inquiétude ; et si elle hésite encore quelques instants, peut-être se rendra-t-elle bientôt, et, s'approchant de sa compagne, elle la priera d'oublier son manque de générosité.

Alors elles s'embrasseront ; la maîtresse félicitera la petite fille de son courage, et elle aura imposé ainsi la véritable punition, la seule qui convienne à des êtres intelligents et sensibles, à qui il faut faire comprendre, dans un langage facile, en quoi ils ont manqué aux deux conditions du bonheur, si l'on veut qu'ils ne retombent pas toujours dans les mêmes fautes *par ignorance.*

Une autre fois, dans la même classe, une élève désobéit ; elle joue, par exemple, au lieu d'étudier, et l'institutrice, qui l'aperçoit, lui dit :

« Louise, vous manquez à la seconde condition du bonheur. Est-ce que vous ne vous rappelez pas quelle est la manière de faire le bien à votre âge?

— Si, Madame, c'est d'obéir, répondra Louise.

— Eh bien ! ma chère petite, obéissez-vous dans ce moment à ce qui vous est prescrit? »

Louise baisse les yeux en entendant la maîtresse parler ainsi ; elle est embarrassée, car elle a compris la justesse du reproche, et se montre bien plus sensible à la douce et intelligente remontrance de son institutrice qu'elle ne l'eût été à *toutes les épithètes maladroites et inconvenantes* qu'on adresse trop souvent avec mauvaise humeur et impatience aux enfants, en les appelant : paresseuse, incorrigible, désobéissante, méchant sujet! en ajoutant : « On ne fera jamais rien de vous. Je préviendrai votre mère, vous serez en retenue ce soir, etc., etc. »

Car, prenez-y garde, non-seulement de telles remontrances blessent le cœur de l'élève, lui aigrissent le caractère, mais encore elles affaiblissent en elle le respect qu'elle doit à son institutrice, en lui faisant découvrir, dans le mentor qu'elle croit le modèle de toutes les vertus, les défauts qu'on lui reproche à elle-même.

Les enfants sont presque toujours disposés dans leur ignorance à croire qu'on les reprend injustement; voilà pourquoi il est si nécessaire de leur faire comprendre en quoi ils ont manqué et pourquoi ils ont mérité une réprimande, afin de ne pas provoquer les commentaires suivants :

« Tiens! qu'est-ce que j'ai fait pour qu'on me gronde?... est-ce parce que j'ai poussé un peu Élise qui m'impatientait? eh bien! voilà grand chose!... cela ne mérite pas certainement une retenue aussi longue? N'est-ce pas, Caroline, que tu ne comprends pas cette punition? Oh! c'est que notre maîtresse n'était pas de bonne humeur quand elle m'a regardée, voilà pourquoi elle a été si sévère, etc., etc. »

Langage dicté par l'ignorance de l'enfant, qui voit souvent l'injustice dans ce qui la gêne, et si les parents et les maîtresses ne se donnent pas la peine de lui démontrer la fausseté de son jugement, elle y persistera.

Rien ne provoque les murmures et l'insubordination des enfants comme l'ombre même d'une injustice : aussi faut-il bien se garder de leur laisser soupçonner jamais qu'il peut y en avoir dans votre conduite, et cela est d'autant plus nécessaire qu'ils sont naturellement justes eux-mêmes, ainsi que le prouve l'expérience de tous les jours; et ils se soumettent à une punition sans murmurer quand ils en ont compris la justice, ainsi que nous l'avons expliqué dans le onzième Entretien.

C'est donc à grand tort, nous le répétons, que les parents et les maîtres prennent pour de la méchanceté

ce qui n'est que de l'ignorance, de l'étourderie, de la légèreté chez l'enfant qu'ils dirigent, et ils ont tort quand ils
le soupçonnent de ce qu'il ne doit pas même connaître,
c'est-à-dire quand ils lui répètent continuellement et sans
réflexion :

« Oh ! vous n'êtes qu'un méchant enfant ! »

Ce jugement trop prompt blesse l'enfant au fond de
son cœur, et l'irrite contre vous ; alors il se dit :

« Puisque mon maître croit que je suis si méchant, eh
bien, je vais le devenir pour lui prouvrer qu'il a raison,
etc., etc. »

Et, fidèle à cette mauvaise résolution, bien loin d'écouter son maître, il fait tout l'opposé de ce que celui-ci lui
commande, tandis que si, au contraire, ce maître lui eût
dit avec beaucoup de douceur :

« Mon enfant, je me souviens qu'à votre âge, j'étais
bien étourdi et bien léger ; souvent je faisais le mal par
ignorance, puis encore, quand j'avais promis de me corriger, la même étourderie emportait presque aussitôt ma
promesse et je retombais toujours dans les mêmes fautes.
Je le vois, vous êtes ce que j'étais à votre âge ; aussi je le
sais, cher enfant, vous n'êtes pas méchant ; d'ailleurs,
dans vos yeux c'est l'ignorance qui se montre et non la
méchanceté qui y brille, méchanceté que vous ne connaissez même pas, j'en suis sûr. Allons ! prouvez-moi que je
suis un bon juge, et faites des efforts pour être moins
ignorant du bien, afin de ne plus vous tromper en faisant
le mal à sa place, ce qui vous a fait juger ce que vous
n'êtes pas, mon cher petit ami. »

Vous verrez alors comme l'enfant sera touché de cette
opinion que vous aurez prise de lui, comme son cœur

sera satisfait, et comme il s'efforcera de vous prouver que vous l'avez bien jugé.

C'est apprendre à l'enfant à devenir méchant que de lui laisser croire qu'on le soupçonne de l'être, même lorsqu'il l'est réellement, tandis qu'au contraire, si l'on appelle toujours ce qu'il fera de mal, ignorance, on verra combien ce mot blessera son amour-propre et comme il essayera par sa bonne conduite de ne plus se l'entendre appliquer si souvent.

En général, et qu'on y fasse attention, on prend plus d'une fois, pour manque d'intelligence chez les enfants, ce qui n'est en eux que manque d'attention; on leur parle un langage trop difficile, trop sévère, souvent même impossible à comprendre, et, si l'on ne parvient pas à s'en faire écouter, comment peut-on espérer de les convaincre, etc., etc. ?

Le seul vrai langage pour l'éducation morale, c'est celui du cœur : tout autre ne réussira jamais, car les enfants du bon Dieu ont reçu de leur Père d'abord un cœur pour aimer et une intelligence pour comprendre. Il faut donc passer par le cœur pour arriver à l'intelligence, et c'est la seule route qui conduise sûrement au but. Prouvons donc aux enfants qu'il faut savoir écouter pour apprendre, et servons-nous toujours de comparaisons à leur portée, comme celle-ci, par exemple, pour leur expliquer le sens des mots.

Demandez à un élève :

Cher enfant, que signifie donc cette phrase : « On vient en classe pour être *éclairé?* » Est-ce que cela veut dire que, pour savoir vos leçons, on doit vous éclairer avec une lumière quelconque, une lampe ou une bougie?

Non, n'est-il pas vrai?

Eh bien ! qu'est-ce donc alors ?

L'enfant hésite, reste muet au lieu de répondre, et nous continuons ainsi :

Supposons qu'un soir, pendant l'hiver, une jeune fille, nommée Louise, travaille à l'aiguille près de sa chère maman, et que celle-ci lui dise :

« Louise, va donc dans ma chambre chercher un livre pour me faire la lecture. »

Et Louise, qui sait que pour les enfants faire le bien, c'est obéir, répond aussitôt :

« Oui, maman, » et elle s'empresse d'obéir ; seulement, comme elle est fort étourdie et ne réfléchit pas qu'il fait nuit, elle entre dans la chambre sans lumière, cherche le livre où elle croit l'avoir vu, ne le trouve pas, tâtonne ailleurs, et, dans l'impossibilité de le trouver, elle va revenir les mains vides, quand elle songe à la fin à appeler son frère, en le priant de venir l'éclairer.

Paul arrive aussitôt, et la lumière qu'il apporte, en pénétrant dans la chambre, laisse voir le livre que cherchait Louise, qui s'en empare au plus vite, et cela parce qu'on l'a *éclairée*.

Ce qui s'est passé dans cette chambre se passe dans votre intelligence à tous : ainsi, chers enfants, quand vous allez en classe, votre intelligence est obscure comme l'était la chambre où Louise cherchait vainement le livre que désirait sa maman.

Et lorsque vos maîtresses, pour connaître, la première fois que vous vous présentez à elles, si vous avez appris quelque chose dans votre famille, vous adressent une question bien simple ; vous en cherchez la réponse dans votre tête, comme Louise cherchait le livre dans la chambre de sa mère, et, comme à elle, il vous est impossible de rien trouver, car tout est obscur aussi dans votre intelligence, parce que la lumière de la science n'y a pas encore pénétré...

Mais bientôt voilà que vos maîtresses, par *des leçons faciles*, par *des lectures à votre portée*, par *des modèles d'écritures expliqués et non pas copiés mécaniquement*, enfin par *tous les moyens que leur tendresse pour vous leur inspire;* vos maîtresses, disons-nous, font entrer la lumière de la science dans votre intelligence, elles vous *éclairent*, autrement dit, elles vous instruisent.

Mais dites-nous maintenant, mes amies, si, lorsque Louise a prié son frère de venir l'éclairer, elle avait fermé la porte de la chambre, aurait-il pu faire ce qu'elle attendait de lui ?

Non, sans doute, et il lui eût dit :

« Mais ouvre-moi donc la porte, si tu veux que je l'éclaire. »

Et si Louise, en petite étourdie, s'était entêtée à répondre :

« Non, du tout, je ne veux pas ouvrir la porte, tu peux bien m'éclairer tout de même. »

La maman, à qui Paul serait allé se plaindre, lui aurait dit avec raison :

« Eh bien ! attends, mon fils, que ta sœur veuille bien t'ouvrir la porte, car tu ne peux pas l'éclairer malgré elle ; mais, sans doute, elle va réfléchir, etc. »

Eh bien ! mes chères enfants, votre conduite n'est-elle pas aussi déraisonnable que celle qu'eût tenue Louise, si elle eût agi ainsi ? Chaque fois que vos maîtresses vous expliquent tout ce qu'il faut connaître pour aimer Dieu, faire le bien, et que vous ne les écoutez pas, est-ce que vous ne fermez pas ainsi les deux portes de l'intelligence, qui sont les deux oreilles? est-ce que vos maîtresses peuvent y faire entrer la lumière de la science quand les portes en sont fermées?

Aussi, de même que le frère de Louise, qui attend que sa sœur ouvre la porte pour aller l'éclairer, vos maîtresses attendent aussi, bien souvent, que vous ouvriez les oreilles pour les écouter, et, malgré leurs efforts, la lumière de leur science reste en dehors; alors, quand on vous demande les explications les plus simples touchant l'ordre, la tenue, la propreté, le devoir, etc., etc., vous cherchez en vain la réponse dans votre intelligence, car tout y est obscur, puisque, la lumière du savoir n'y étant pas entrée, l'ignorance seule en occupe la place.

Vous voyez donc bien, enfants, qu'*être éclairé*, c'est savoir quelque chose, c'est être instruit; en un mot, c'est avoir écouté vos parents et vos maîtresses, puisqu'il n'y a pas d'autre moyen d'apprendre ce qui vous est nécessaire pour remplir ici-bas les deux conditions du bonheur.

Dans les quinze Entretiens qui précèdent nous nous sommes efforcée d'indiquer les moyens propres à développer, sans fatigue, l'intelligence des enfants et à former leur cœur au bien. Or, à présent que la part est faite pour l'esprit, nous avons pensé qu'il serait bon, pour compléter l'éducation pratique des futures mères de famille, de leur donner quelques notions sur les moyens de conserver notre corps en santé (hygiène), de préparer les tisanes et médicaments les plus ordinairement prescrits par le médecin en cas d'indisposition ou de maladie et enfin, oserons-nous le dire, de faire cuire les aliments destinés à notre nourriture habituelle.

Tel est le but des six chapitres suivants.

Nous commencerons ce petit travail, dont l'utilité ne peut manquer d'être appréciée, en parlant aussi bièvement que possible de la structure du corps humain.

DEUXIÈME PARTIE

HYGIÈNE

PREMIER ENTRETIEN

Du corps humain chef-d'œuvre de la création.

Ne savez-vous pas que vos corps sont les membres de Jésus-Christ et les temples de l'Esprit-Saint?
(Saint PAUL, I Cor., VII.)

Remarquons d'abord, mes chères enfants, que Dieu a fait un chef-d'œuvre de notre corps, parce qu'il était destiné à renfermer une âme immortelle.

Nous verrons plus tard pourquoi Dieu nous la prête cette âme immortelle, mais n'allons pas si vite, voyons d'abord pourquoi notre corps est un chef-d'œuvre; pour cela, jetons un coup d'œil rapide sur l'ensemble de ce bel ouvrage.

Dieu prit de la terre pour former le corps de l'homme et il la façonna de telle sorte qu'il en fit un tout merveilleux, composé d'une multitude de parties variables de forme et d'aspect qui sont nos *organes*.

Ces parties, ces organes ont un but à remplir; ce but s'appelle une *fonction*, et toutes ces fonctions réglées avec ensemble constituent la *vie*.

Sans vous parler de tous nos organes, je vous en citerai quelques-uns dont la connaissance pourra vous donner une idée du mécanisme de la vie.

En première ligne nommons le *cerveau* qui, logé dans la *tête*, est le siége de la volonté, de la raison et le grand centre de toutes les impressions que lui transmettent les organes de nos *sens* [1], au moyen des *nerfs*. Aussi a-t-il été comparé avec beaucoup d'à-propos par un spirituel médecin à une sorte d'administration centrale.

« Si le cerveau est bien organisé, l'administration est bonne, les ordres sont donnés à point et bien exécutés, comme dans une bonne administration, mais si le cerveau est mal organisé, les ordres sont mal transmis et mal exécutés, comme cela arrive dans une administration qui n'est pas bien constituée.

Avec le cerveau, Dieu nous fit les poumons [2], qui servent à la respiration. Ces organes creux sont divisés intérieurement en une infinité de petites cases (lobules) où l'air pénètre, et renfermés dans la poitrine qui peut se dilater.

Par un mécanisme comparable à celui d'un soufflet les poumons, en se gonflant, aspirent l'air nécessaire à notre existence ; ils en extraient la partie la plus vivifiante et, en se dégonflant, ils chassent au dehors celle qui est devenue inutile.

Entre les poumons est placé le *cœur*, organe également creux et le point aboutissant d'un ensemble de tuyaux

---

[1] Il y a cinq sens qui s'exercent : le *toucher* par la *peau*, le *goût* par la *bouche*, l'*odorat* par le *nez*, la *vue* par les *yeux* et l'*ouïe* par les oreilles.

[2] Chez les animaux de boucherie, c'est ce que l'on appelle vulgairement le mou.

flexibles nommés les *vaisseaux* [1], dans l'intérieur desquels coule le sang, ce liquide rouge destiné à réparer et à augmenter nos forces.

Le cœur en se contractant *bat* à la moindre de nos émotions; c'est vers lui que le sang se précipite avec violence si nous éprouvons une grande joie, ou si nous appréhendons un événement fâcheux.

Dites-nous, Élisa, votre cœur n'a-t-il pas battu avec force ce matin en apprenant le retour prochain de votre excellente mère?

Oui, dites-vous.

Ainsi, ma chère enfant, cette douce émotion vous a fait sentir que vous aviez un cœur.

Si Dieu a placé cet organe entre les poumons, c'est que sa fonction se relie essentiellement à la leur. En effet, quand ils se gonflent, le sang s'y précipite pour se mélanger avec l'air qui y entre en même temps et, quand ils reviennent sur eux-mêmes, il est refoulé dans le cœur d'où il gagne toutes les parties du corps [2].

Ce flux et ce reflux du sang s'appelle la *circulation*.

Après ces organes viennent ceux de la *digestion*. Ils forment un long tube commençant à la bouche, et se continuant, par l'*estomac*, les *intestins*, etc., etc., pour enfin aboutir au dehors; sur les côtés de ce tube se trouvent à droite le *foie*, à gauche la *rate*.

Les aliments une fois absorbés et réduits dans l'estomac en une bouillie claire, passent peu à peu dans les intes-

---

[1] *Artères* et *veines*.

[2] Ce moment de la fonction s'appelle hématose ou changement du sang noir qui coule dans les veines en sang rouge qui circule dans les artères.

tins où leurs sucs nutritifs sont séparés pour être trans-
formés en un liquide nommé le *chyle*.

C'est le chyle, qui absorbé et transporté dans les poumons, y devient du sang qui va se distribuer dans toutes
les parties du corps pour y réparer les pertes ou en augmenter la force, comme nous l'avons déjà dit.

Ce court apperçu suffit, mes enfants, pour vous prouver qu'avec de la terre Dieu a fait un ensemble de machines, de ressorts plus admirables les uns que les autres. Vous connaissez toutes ce qu'on nomme une locomotive? Quand vous la voyez passer, vous apercevez
des roues qui tournent, des pistons qui se lèvent, des
soupapes qui s'ouvrent : vous savez que c'est la vapeur
qui fait mouvoir tous ces ressorts. Si l'on retire la
vapeur, à l'instant les roues ne tournent plus, les
pistons ne se lèvent plus, les soupapes ne s'ouvrent plus.

Eh bien ! mes enfants, notre corps est une magnifique
locomotive composée d'admirables mécanismes.

Lorsque Dieu l'eût achevé, nous rapporte l'Écriture
sainte, il dit :

« Animons ce bel ouvrage d'une étincelle de notre amour. »

Alors il y déposa notre âme, qui semblable à la vapeur [1], en fit aussitôt mouvoir tous les ressorts; les
yeux s'ouvrirent, les oreilles entendirent, la bouche parla,
les bras remuèrent, les jambes marchèrent, etc.; et de
même que, lorsqu'on retire la vapeur d'une locomotive,
tout s'arrête; de même aussi, lorsque Dieu rappelle à lui

---

[1] La comparaison de l'âme à la vapeur, qui est matière, pourra paraître irrespectueuse ; mais nous n'avons pas hésité à faire ce rappro-
chement, parce que nous avons pensé qu'il frapperait davantage l'intelligence des enfants.

notre âme immortelle, tous les ressorts humains s'arrêtent, les yeux ne s'ouvrent plus, les oreilles n'entendent plus, la bouche ne parle plus, etc., etc., et cela s'appelle la mort.

La beauté d'une locomotive ne consiste pas seulement dans l'extérieur du travail, mais dans la perfection des rouages et des ressorts : c'est ainsi que la beauté de notre corps ne consiste pas uniquement dans l'extérieur. Qu'importe que la rouille ait rongé extérieurement le fer de la locomotive ou qu'un accident en ait déformé les contours ? Si les rouages marchent bien, si les mécanismes en sont bons, on dira de même en la voyant passer :

« Voilà une bien belle machine ! Comme elle marche rapidement ! combien elle entraîne de wagons !... »

Il en est de même de vous, mes chères petites, car vous êtes toutes aussi belles aux yeux de Dieu, puisque la vraie beauté ne consiste pas dans la couleur des cheveux, dans la grandeur des yeux, dans la petitesse de la bouche, dans la finesse du nez, mais dans la perfection de vos organes et de votre intelligence qui sont les mécanismes de l'œuvre magnifique de Dieu.

Qu'importe donc que le temps ait blanchi nos cheveux ou ridé notre visage ! nous n'en sommes pas moins le chef-d'œuvre du Créateur. Et la preuve que vous êtes toutes aussi belles, c'est l'intérêt avec lequel vous m'écoutez en ce moment, car si l'une de vous avait le cerveau altéré, elle ne pourrait me comprendre.

Enfin, aussitôt qu'un seul de ces mécanismes indispensables se brise, toute la machine humaine s'arrête, le corps se détruit. C'est alors que Dieu rappelle à lui notre âme, pour lui rendre sa véritable patrie, si elle a été fidèle sur terre à la loi qu'il lui a imposée ; et le corps, privé de sa compagne immortelle, redevient poussière et retourne à la terre dont il a été formé.

Oui, notre corps est fait de terre, mes enfants chéries ; mais qu'importe, si avec de la terre Dieu a fait un chef-d'œuvre.

« Il n'y a que Dieu, a dit un savant professeur, qui ait pu faire avec de la terre un ouvrage si parfait, si délicat et pourtant d'une solidité telle, qu'un siècle pourrait être la durée ordinaire de notre vie, si nous faisons toujours de nos organes et de notre intelligence le noble usage auquel le Créateur les a destinés.

Soyez donc fières de votre corps, chers amies ; n'ayez jamais la paresse de le négliger ; car vous soignez en lui la demeure de votre âme, le plus bel ouvrage de Dieu, et ce serait manquer de respect envers le Créateur que de ne pas prendre soin de son chef-d'œuvre.

Je veux vous faire une dernière comparaison, mes petites amies : si, par extraordinaire, quelque grand personnage vous envoyait comme récompense un automate ou poupée mécanique de grandeur naturelle, qui ouvrirait les yeux, qui exécuterait plusieurs mouvements, et qui dirait même quelques mots, comme *papa*, *maman*, etc., — ces sortes de poupées mécaniques coûtent fort cher et sont très-curieuses, — n'auriez-vous pas grand soin de cet automate, mes amies ? le laisseriez-vous traîner dans la poussière, dans le charbon, dans les cendres, dans la boue ?

Non, me répondez-vous au plus vite.

Pourquoi le soigneriez-vous, ce chef-d'œuvre de l'art ?

A cause de la beauté du travail, et aussi parce que, me

diriez-vous encore, nous croirions manquer de respect envers la personne éminente qui nous l'aurait donné, en agissant autrement.

Eh bien, est-ce que Dieu ne vous a pas plus habilement perfectionnées que l'artiste ne l'a fait de l'automate? car ces yeux qui nous regardent, ces oreilles qui nous écoutent, cette bouche qui parle et cette intelligence surtout qui nous comprend, où trouveriez-vous chose semblable?...

O mes enfants, est-ce que le cadeau de Dieu n'est pas mille fois plus beau, que ne le serait celui de cet honorable personnage? Auriez-vous encore ici moins de respect pour le Créateur que pour la créature, en ne soignant pas la plus belle de ses œuvres?

Vous le voyez donc bien, mes amies, si vous manquez de propreté, ce n'est que par ignorance.

QUESTIONNAIRE.

1. De quoi est fait le corps humain ?

2. Pourquoi Dieu a-t-il voulu faire un chef-d'œuvre de notre corps ?

3. A quoi le cerveau a-t-il été comparé, et qu'arrive-t-il s'il est bien organisé ?

4. A quoi sont comparés les poumons, et quelles sont leurs fonctions ?

5. Qu'est-ce que Dieu a placé près des poumons ?

6. Que se passe-t-il dans les intestins, quand les aliments y sont entrés ?

7. Pourquoi peut-on comparer le corps humain à une locomotive ?

8. La beauté du corps consiste-t-elle seulement dans l'extérieur ?

9. Qu'arriverait-il si le cerveau, les poumons ou le cœur étaient malades ?

10. Que disait un célèbre professeur en parlant du corps humain ?

11. Pourquoi doit-on être fier de son corps et le soigner ?

12. Racontez ce qu'on ferait d'un automate donné en cadeau.

13. En quoi le corps est-il bien supérieur à un automate, travail des hommes ?

14. Pourquoi manquerait-on de respect envers Dieu en ne soignant pas son chef-d'œuvre?

DEUXIÈME ENTRETIEN

Considérations générales.

***

Je viens de vous donner, mes chères petites amies, dans notre entretien précédent, un aperçu bien rapide de la merveilleuse organisation que le divin Créateur a donné à notre corps pour y loger notre âme.

Ce corps, c'est en quelque sorte un prêt qu'il nous a fait; et notre reconnaissance envers lui doit surtout s'attacher à en avoir bien soin, chose qui vous sera facile si vous observez scrupuleusement les préceptes d'une bonne *hygiène*.

Que ce mot hygiène ne vous semble pas trop scientifique; il est depuis longtemps passé dans le langage familier, et il veut dire l'ensemble des moyens que Dieu a mis à notre disposition pour nous conserver la *santé*.

Je n'ai pas besoin de vous expliquer ce que c'est que la santé. Vos sourires me répondraient au besoin que vous le savez parfaitement, et votre bonne mine à vous, ma chère Élisabeth, peut encore mieux prouver à vos compagnes ce que c'est que la santé.

Avoir la santé, c'est se bien porter, c'est se sentir à l'aise, c'est avoir bon appétit, c'est bien jouer pendant vos récréations, pour bien travailler en classe, c'est, enfin bien dormir.

Est-il donc si difficile de se bien porter? Vous allez voir que non, à la condition de bien observer tout ce que nous indique l'hygiène et que l'on peut résumer ainsi : respirer un air pur, prendre une nourriture plus substantielle que recherchée, se donner de l'exercice sans fatigue, soit en jouant, soit en se promenant, et prendre du repos soit en travaillant pendant la classe, ou à l'ouvroir, soit assises en cousant, soit au lit quand vous allez dormir.

De l'air atmosphérique et de son influence sur la santé

Qu'est-ce qu'un air pur, ou plutôt qu'est-ce que l'air?

Voilà une question bien sérieuse, n'est-ce pas, et il me semble qu'elle vient d'éveiller votre curiosité. Un peu de patience, mes bonnes petites, et je vais tâcher d'y répondre de mon mieux.

Les savants l'ont dit depuis longtemps, l'air est un fluide qui enveloppe toute la terre que nous habitons, comme une immense ceinture invisible. Ce mot de fluide vous apparaît gros de science; vous avez raison, et j'avoue que vous comprendrez mieux, par des exemples, ce que veut dire ce mot que par une définition qui, quelque simple que je puisse vous la donner, ne serait peut-être pas encore comprise par vous.

Un fluide, c'est quelque chose que nous ne voyons pas, mais qui n'en existe pas moins, puisque dans certaines circonstances son existence nous est révélée. Ainsi, quand vous soufflez dans un tube, vous entendez un bruit qui se produit, et cependant vous ne voyez rien en sortir. Eh bien, c'est de l'air que vous avez chassé brusquement dans l'intérieur du tube et dont le frottement sur les parois a rendu un son. De là le bruit que vous avez entendu.

De même quand le vent souffle avec violence, qu'il fait incliner les arbres, ébranler les portes de la maison, qu'il passe à travers les fentes en sifflant; il est bien évident qu'il y a là un quelque chose que nous ne voyons pas, mais qui est assez puissant pour produire tout ce vacarme. Ce quelque chose, c'est de l'air agité.

Quand en automne ou en hiver il fait du brouillard; ce brouillard nous enveloppe de tous les côtés. Si nous sommes en dehors de nos habitations, nous en avons devant nous, derrière nous et au-dessus de notre tête. Ce brouillard pénètre même dans nos appartements quand les fenêtres en sont ouvertes. Ce brouillard enfin, nous le respirons. Eh bien, supposez qu'il devienne tout à coup invisible, tout en nous enveloppant, et vous aurez une idée de la manière dont l'air nous entoure.

Avez-vous compris, ma petite Cécile?

Un peu, me dites-vous. C'est tout ce que je puis exiger de vous et de vos compagnes. Continuons.

L'air que nous respirons est si essentiel à notre existence, comme à celle de tous les êtres vivants, que, quand on en est privé, la vie est impossible.

L'air le plus pur est celui de la campagne et particulièrement celui que l'on respire en pleins champs et sur les endroits élevés.

Rappelez-vous, mes chéries, avec quelle sensation agréable vous respirez l'air frais du matin, quand, après une nuit où la chaleur vous a un peu incommodées, vous descendez au jardin : vous vous sentez renaître en quelque sorte. Aussi devrez-vous toujours, en vous levant et dès que vous êtes habillées, ouvrir la fenêtre de votre chambre pour y laisser pénétrer l'air du dehors et y renouveler celui de la nuit. De même encore, dans le courant de la journée, il faut ouvrir de temps en temps les fenêtres des salles de classe, c'est le moyen d'y respirer un air pur.

Une des principales causes qui altèrent la pureté de l'air, c'est la négligence d'ouvrir fréquemment les fenêtres des habitations.

Si, par exemple, vous vous tenez dans une pièce peu spacieuse où l'on ne renouvelle pas l'air, vous finissez par éprouver un malaise qui devient insupportable : votre tête s'alourdit, le travail vous semble plus pénible, les leçons vous paraissent trop difficiles à apprendre.

Sortez un instant, et tous ces signes de lourdeur, de malaise, disparaîtront sous l'influence de l'air du dehors.

Ouvrez donc largement les fenêtres si vous voulez vous bien porter.

L'air par sa température, sa sécheresse ou son humidité nous impressionne plus ou moins désagréablement.

Aussi l'hygiène nous indique-t-elle de nous couvrir davantage et de nous donner du mouvement quand il fait froid et humide. Quand, au contraire, il fait sec et chaud, comme en été, il faut y remédier en se vêtissant légèrement, en évitant de rester au soleil, en recherchant l'ombre et en arrosant le devant de sa maison, afin de donner à l'air qui nous environne un peu de l'humidité dont il a besoin.

Lorsque vous quittez un endroit chaud, et que vous sortez au dehors par un temps froid, il faut avoir soin de vous couvrir de manière à ne laisser exposés à l'air extérieur que le visage et les mains. De même que si vous avez très-chaud et que vous entriez dans un endroit frais, il ne faut pas vous découvrir brusquement, parce que dans l'une ou l'autre circonstance vous vous exposeriez à un refroidissement qui pourrait vous enrhumer et même vous occasionner une maladie grave que l'on appelle *fluxion de poitrine*.

Une autre cause d'altération de l'air, ce sont les miasmes ou les mauvaises odeurs. Vous connaissez la mare d'eau qui est à côté de la ferme des parents d'Eugénie. Cette mare est souvent remplie d'une eau rousse et croupissante qui répand une mauvaise odeur, et quand vous passez auprès, instinctivement vous allongez le pas pour vous en éloigner au plus vite, parce que vous éprouvez un un certain malaise que vous voulez éviter en cherchant un air plus pur.

Nouvelle preuve de l'importance qu'il y a pour la santé à respirer un bon air. N'oubliez donc pas ce précepte, chères amies, et vous vous en trouverez bien.

QUESTIONNAIRE.

1. Quel aperçu vous ai-je donné dans l'entretien précédent ?
2. Que veut dire le mot hygiène ?
3. Qu'est-ce qu'avoir une bonne santé ?
4. Résumez ce que nous indique l'hygiène pour nous bien porter ?
5. Qu'est-ce que l'air ?
6. Qu'entend-on par un fluide ?
7. Citez plusieurs exemples à l'appui de votre définition ?
8. L'air est-il nécessaire à notre existence, qu'arriverait-il si nous en étions privés ?
9. Où respire-t-on l'air le plus pur ?
10. Que faut-il faire le matin dès qu'on est habillé ?
11. Et dans la journée quelle précaution faut-il prendre ?

12. Qu'arrive-t-il si l'on reste longtemps dans une pièce peu spacieuse où l'on ne renouvelle pas l'air de temps en temps?

13. Que nous indique l'hygiène quand il fait froid, humide?

14. Que faut-il faire quand l'air est sec et chaud en été?

15. Que faut-il faire quand on quitte un endroit chaud pour sortir par un temps froid?

16. Quelle précaution faut-il prendre quand on entre, ayant très-chaud, dans un endroit humide?

17. A quoi s'exposerait-on dans les deux derniers cas si l'on ne prenait pas de précaution?

18. Citez une cause d'altération de l'air?

19. Qu'éprouvez-vous quand vous passez près d'une eau stagnante et croupissante?

20. Quel précepte ne faut-il pas oublier?

TROISIÈME ENTRETIEN

De la nourriture. — Aliments. — Boissons.

———

Aliments. — Rappelez-vous, mes chères petites amies, qu'en vous analysant la sublime organisation du corps humain, je vous ai dit que, pour réparer nos forces, aider à la croissance et à la conservation de nos organes, le bon Dieu avait admirablement disposé le tube digestif pour y préparer, en quelque sorte, ce suc si nutritif que l'on appelle le chyle et qui devient du sang.

Le chyle, il vous en souvient, est lui-même formé à l'aide d'un travail admirable, par l'extraction de ce qu'il y de plus nourrissant dans ce que nous mangeons.

Le corps subit chaque jour des pertes qui chaque jour également doivent être réparées. C'est pourquoi l'hygiène vous conseille de prendre une nourriture substantielle qui à votre âge n'a pas besoin d'être recherchée.

Une nourriture substantielle est celle qui se compose de pain, de viande plutôt rôtie que bouillie, de légumes verts ou farineux (les pommes de terre, les haricots), de laitage, de fromage, etc.

Mais il arrive parfois que nous éprouvons une sorte de dégoût pour la viande et les légumes, et que nous leur préférons la salade, et les choses aigres ou acides, comme les cornichons.

Cette perversion ou caprice de votre appétit a pour cause la plus ordinaire un état maladif de votre estomac auquel la diète, c'est-à-dire se priver de manger pendant un repas ou deux, est un excellent remède.

En général, la salade et tous les aliments acides (fruits verts) ne sont pas une nourriture hygiénique, et il vaudrait mieux pour votre estomac ne manger qu'un morceau de pain sec que de composer votre repas uniquement de salade, de radis ou de cornichons.

Pour qu'une nourriture substantielle profite, comme l'on dit vulgairement, il faut qu'elle soit régulièrement distribuée en des repas suffisamment espacés, afin que la digestion ait tout le temps de se faire sans fatigue, et à heure fixe, pour que l'appétit soit toujours égal.

Quand on est jeune, que l'on se donne beaucoup de mouvement au grand air, on a toujours l'appétit suffisamment ouvert. Et il se fait sentir surtout à l'approche du repas quand l'heure en arrive avec beaucoup de régularité. Si alors on tarde à se mettre à table, votre appétit devient tellement exigeant, qu'il dégénère en un besoin très-impérieux qui se nomme la faim.

La faim se fait d'autant plus sentir que l'estomac est vide, et, si elle n'est pas apaisée, il peut en résulter une souffrance dont vous, Jenny, vous devez bien vous rappeler, quand, avant-hier, en quittant la classe, au lieu de rentrer chez vos parents, vous avez voulu aller vous promener seule dans la campagne où vous vous êtes égarée, de sorte que vous n'êtes revenue à la maison que plus de deux heures après l'heure habituelle de votre repas du soir.

Vos parents étaient dans une bien grande inquiétude; ils vous avaient fait chercher de tous les côtés et vous leur avez fait éprouver cette souffrance de la faim, qui, jointe aux angoisses que vous leur avez causées, aurait pu les rendre malades. Mais la fatigue vous avait tellement accablée, qu'en rentrant à la maison, votre mine défaillante a empêché votre bonne mère de vous gronder pour la grosse désobéissance que vous veniez de commettre.

La faim, mes bonnes petites amies, est une souffrance telle, qu'il faut prier Dieu de ne pas y être exposées, comme vous le lui demandez tous les jours dans ce passage de votre prière : « Donnez-nous notre pain quotidien. » N'oubliez jamais non plus de faire l'aumône d'un morceau de pain au pauvre mendiant que vous rencontrez et qui vous dit : « J'ai bien faim. » Il faudra même partager avec lui votre goûter, si vous n'avez que cela, car, en agissant ainsi, vous calmerez pour quelques instants les souffrances de ce malheureux.

Boissons. — Pour délayer nos aliments dans l'estomac et pour les rendre plus aptes à former du chyle, nous éprouvons le besoin de boire. Ce besoin s'appelle la soif.

La boisson la plus hygiénique, c'est l'eau pure ou l'eau rougie avec un peu de vin.

Il faut avoir soin de ne boire que modérément et lentement de manière à humecter le palais. Car de même qu'en vous surchargeant l'estomac et l'intestin avec des aliments vous pouvez vous donner une indigestion ou des coliques, de même en prenant une très-grande quantité d'eau, vous pouvez déterminer les mêmes accidents.

Vous savez toutes combien une indigestion peut faire souffrir par l'exemple d'Adèle qui, l'été dernier, la veille

de son voyage avec ses parents, était restée trop longtemps sans manger au milieu des préocupations et des
embarras d'un départ.

Vous vous rappelez ce qui lui est arrivé ?

Imprudemment on lui avait donné un petit pain tout
chaud avec du lait froid qu'elle avait mangé avec beaucoup d'avidité. Son estomac ayant souffert trop longtemps, la digestion n'a pas pu s'opérer, et toute la
nuit s'est passée pour elle dans de grandes souffrances
qui ont fait craindre pour sa vie. Pauvre Adèle ! comme
elle était changée, abattue, elle si vive, si pétulante, une
indigestion l'avait métamorphosée complétement lorsque nous l'avons vue le lendemain, car il a fallu retar-
der son départ.

Je suis bien certaine qu'elle se sera rappelé cette leçon
toute la vie pour ne plus s'exposer à un pareil danger.
D'autant plus que depuis cette époque la chère enfant a
eu la douleur de perdre sa bonne grand'mère d'une indigestion causée par de la pâtisserie trop lourde. A l'âge
d'Adèle, la nature avait été assez forte pour triompher
du mal, mais à celui de sa grand'mère, les organes étant
affaiblis, la maladie avait pris le dessus et, en quelques
heures, avait enlevé cette excellente grand'mère à sa
famille désolée.

N'oubliez donc jamais, jeunes amies, les préceptes
que nous venons de vous exposer ; dictés par l'expérience,
ils sont aussi nécessaires pour la santé que de respirer
un air pur ; gravez-les bien dans votre mémoire, et, en
les faisant connaître un jour à ceux qui vous entoureront,
vous pourrez leur rendre un grand service et leur épar-

gner des souffrances comme celles qui ont été supportées par votre amie, la pauvre Adèle.

QUESTIONNAIRE.

1. Qu'est-ce que le Créateur a disposé admirablement pour nous aider à réparer nos forces et à recevoir les aliments nécessaires?

2. Par quoi est formé le chyle?

3. Qu'est-ce que l'hygiène conseille chaque jour pour réparer les forces du corps?

4. Qu'entend-on par une nourriture substantielle?

5. Que préfère-t-on quelquefois à la viande et aux légumes?

6. Quelle est la cause la plus ordinaire de cette perversion de l'appétit et quel est le remède à employer en pareil cas?

7. Quels sont les aliments qui ne constituent pas une nourriture hygiénique et que faut-il leur préférer?

8. Que faut-il pour qu'une nourriture substantielle profite, et entretienne la santé?

9. Qu'arrive-t-il quand on est jeune?

10. Quand la faim se fait-elle le plus sentir et qu'est-il arrivé à Jenny?

11. Pourquoi ses parents ne l'ont-ils pas punie de sa désobéissance?

12. Que faut-il demander à Dieu chaque jour?

13. Quelle aumône doit-on toujours faire, même en partageant son goûter s'il le faut?

14. Que faut-il faire pour délayer nos aliments dans l'estomac et les rendre plus aptes à former du chyle?

15. Pourquoi faut-il boire modérément et lentement?

16. Comment est causée une indigestion?

17. Racontez ce qui est arrivé à Adèle?

18. Quels sont les préceptes qu'il ne faut jamais oublier de faire connaître pour rendre service à ceux qui nous entourent?

QUATRIÈME ENTRETIEN

De l'exercice. — Jeux. — Récréations. — Promenades.

Prendre de l'exercice, mes chères petites amies, c'est en hygiène se donner du mouvement : c'est bien jouer pendant vos récréations ; c'est sauter à la corde, jouer à la balle, c'est enfin vous promener ou courir dans la campagne, etc., etc.

L'exercice est presque aussi nécessaire à la santé que la nouriture à l'estomac, que l'air pur aux poumons. Et vous allez le comprendre.

En vous parlant du sang, ce père nourricier de tous nos organes, je vous ai dit qu'il coulait dans l'intérieur d'un ensemble de vaisseaux, de véritables tuyaux très-bien distribués où il est poussé par les contractions du cœur qui est comme la grande machine qui le met en mouvement. Or ce mouvement est d'autant plus accéléré, autrement dit le sang circule avec d'autant plus de rapidité que notre corps est en marche, que nous courons, que nous sautons, etc., etc.

Il en résulte que cette activité dans la circulation met plus fréquemment tous nos organes en rapport avec le sang et qu'ils y puisent bien plus souvent tout ce qui leur est nécessaire. Aussi, mes petites chéries, quelle bonne mine vous avez toutes en rentrant en classe, après une récréation où le temps vous a permis de bien jouer. Combien vous vous trouvez à l'aise ! Comme vous sentez la vie circuler à grands flots dans tout votre corps ! Cette sensation de bien-être général que vous éprouvez, vous la devez à l'exercice.

Je crois même que ce n'est pas sans un certain regret que vous rentrez en classe, non pas parce qu'il y faut travailler, je vous connais trop studieuses pour le supposer, mais parce que, instinctivement, vous sentez que vous allez être renfermées et immobiles pendant un certain temps, et que vous vous rappelez qu'en restant longtemps assises, peu à peu vous vous alourdissez, le travail vous devient pénible et, si la classe dure quelques heures, il vous tarde d'entendre sonner la récréation pour sortir un peu et vous donner du mouvement. Ces phénomènes de malaise tiennent au ralentissement de la circulation du sang qui ne vivifie plus nos organes avec autant de force. Aussi a-t-on soin de séparer vos heures de travail par une récréation qui, quelque courte qu'elle soit, suffit pour faire reprendre au sang son activité de circulation.

Un des excellents effets de l'exercice, c'est d'entretenir et d'augmenter notre chaleur intérieure et de nous aider à combattre le froid. Le foyer de cette chaleur, c'est l'ensemble de tous nos vaisseaux ; le charbon qui brûle, c'est le sang ; et, pour en entretenir la combustion, le bon Dieu a mis à notre disposition un vaste soufflet, le poumon, qui est chargé de mettre le sang en contact avec l'air, exactement de la même manière que dans un fourneau, pour enflammer le charbon qui commence à y brûler, vous dirigez dessus un courant d'air à l'aide d'un soufflet. Plus vous soufflez, mieux votre charbon brûle, et plus vous obtenez de chaleur. De même aussi, quand on se porte bien, plus les poumons fonçtionnent, c'est-à-dire se dilatent pour se refermer, plus le sang qui les traverse est vivifié, plus il s'échauffe et plus notre chaleur intérieure augmente. C'est tellement vrai que, quand il fait froid et que nous restons un moment immobiles, peu à peu le froid nous pénètre, nous finissons même par grelotter, et, pour nous réchauffer, nous nous mettons à marcher vite, à sauter, à frapper du pied avec force, nous cherchons enfin à nous donner beaucoup de mouvement et, alors, peu à peu, la sensation de froid disparaît.

Mais il faut que l'exercice soit modéré, car l'excès du mouvement est nuisible en ce sens qu'il finit par provoquer une telle activité dans la circulation, que le sang arrivant trop rapidement et trop en abondance à tous nos organes, le trop-plein s'en déverse à la peau par la *transpiration* ou la *sueur*. Et voyez combien ici encore le divin Créateur a été prévoyant, car la peau est en quelque sorte la soupape de sûreté qui, de peur que la machine ne vienne à éclater, ouvre ses pores pour laisser échapper cet excédant de vapeur produit par la surabondante activité de la circulation.

Sans doute il ne faut jamais prendre de l'exercice au point d'amener une forte transpiration. Mais si vous transpirez, c'est alors que vous devez prendre les précautions nécessaires pour ne pas vous enrhumer et pour donner le temps à cette sueur d'être ou absorbée par l'air en partie ou de se sécher sur votre linge. Dans cette circonstance vous éviterez de rester en repos dans un courant d'air ou dans un endroit trop frais. Après vous être bien essuyé le visage, vous ne vous découvrirez pas trop ; au contraire, si vous le pouvez, vous vous couvrirez davantage de manière à vous sécher lentement, ou, si vous transpirez outre mesure, le meilleur moyen d'y remédier, ce sera de changer de linge. Dans ce moment-là encore ce dont il faudra vous garder surtout, ce sera de boire de l'eau froide.

Rappelez-vous votre petite camarade Alphonsine qui, pour avoir négligé de se changer après une grande transpiration, est restée quelques instants dans la cuisine où elle n'a pas pu résister à l'envie de boire de l'eau fraîche à tel point, qu'elle est tombée malade le soir même et que le médecin, après avoir déclaré que la pauvre enfant était atteinte d'une fluxion de poitrine, a eu beaucoup de peine à la guérir. Que cet exemple vous serve de leçons.

Je résume cet entretien en vous disant : prenez de l'exercice modérément, jouez bien en récréation ; mais ne vous y échauffez pas trop, de peur de transpirer et de vous exposer à un refroidissement dont les suites pourraient vous êtes si funestes.

QUESTIONNAIRE.

1. Qu'entend-on par prendre de l'exercice suivant l'hygiène ?

2. Quand le sang circule-t-il avec plus de rapidité ?

3. Après la récréation, à quoi doit-on sa bonne mine et la sensation de bien-être général qu'on éprouve ?

4. Qu'arrive-t-il quand on reste longtemps assis sans se donner de mouvement ?

5. A quoi tiennent ces malaises qu'on éprouve dans une trop grande immobilité ?

6. Pourquoi sépare-t-on les heures du travail par une récréation !

7. Quel est un des excellents effets de l'exercice?

8. Qu'arrive-t-il plus les poumons fonctionnent, c'est-à-dire se dilatent?

9. Qu'éprouve-t-on quand il fait froid et qu'on reste longtemps immobile?

10. Pourquoi faut-il que l'exercice soit modéré.

11. Quelles sont les fonctions de la peau et à quoi peut-on la comparer?

12. Quelles précautions faut-il prendre si l'on est en transpiration?

13. Où faut-il éviter surtout de rester en repos?

14. Quel serait le meilleur moyen à employer si la transpiration était trop abondante?

14. Que faut-il se garder de boire quand on a trop chaud?

16. Racontez l'imprudence d'Alphonsine et quelles en ont été les conséquences?

CINQUIÈME ENTRETIEN

Nécessité du repos et du sommeil.

De même que l'exercice est utile à la santé, de même aussi le repos lui est nécessaire.

Le corps étant destiné à servir notre intelligence, ses forces s'usent à chaque instant soit par l'exercice, soit par le travail manuel, et d'autant plus promptement que cet exercice est forcé ou que ce travail est excessif. Cette grande dépense de forces amène la fatigue, et la fatigue n'a d'autres remèdes que le repos d'abord et la nourriture ensuite pour rendre au corps une partie de ce qu'il a perdu ou dépensé en excès.

Dans un ménage qui est bien administré, une bonne ménagère doit surtout s'attacher à faire en sorte que ses dépenses n'excèdent jamais ses recettes. En effet, si elle dépense plus qu'elle ne peut payer, elle fait ce que l'on appelle des dettes, qu'il lui devient plus tard difficile d'éteindre. De là une gêne dans le ménage qui peut devenir très-malheureux et même faire tomber dans toutes les horreurs de la misère par suite du défaut de prévoyance de la ménagère.

Si, au lieu de se conduire ainsi, elle eût réglé ses dépenses sur ses recettes, qu'elle ne les eût faites que suivant ses besoins, elle y aurait toujours suffi, le bonheur et la tranquillité eussent constamment régné dans ce ménage, lequel, ainsi administré, aurait prospéré.

Eh bien! mes chères amies, cet exemple que je viens de vous citer peut parfaitement servir à vous démontrer la nécessité du repos pour votre corps. Sa manière de dépenser à lui, c'est l'exercice, c'est le travail manuel, c'est la marche. Quand tout cela est modéré et bien espacé par des temps de repos, nous ne nous en portons que mieux, parce qu'alors notre père nourricier, l'estomac, pendant les moments de repos, peut élaborer avec soin tout son travail de digestion, faire une grande provision de matériaux réparateurs et les fournir ensuite au sang qui va bien vite rendre à chaque organe ce qu'il a perdu.

Pendant l'exercice ou le travail manuel cette réparation se fait très-incomplétement à cause de la surexcitation qu'ils donnent à toutes nos fonctions. Mais reposez-vous après un repas, jouez modérément, marchez sans fatigue, et vous vous apercevrez bien vite que votre digestion se fait mieux, que les forces vous reviennent. Après un temps de repos un peu prolongé, vous éprouverez même ce besoin du mouvement, de l'exercice, besoin qui est un indice certain de la santé.

Le meilleur repos, sans contredit, c'est l'immobilité à peu près complète de notre corps. Certes, voilà un précepte dont peut-être, petites paresseuses, vous voudriez prendre prétexte pour ne pas travailler. Mais je vous arrête tout de suite pour chasser cette vilaine idée, parce que, quand vous êtes en classe, c'est surtout votre intelligence qui travaille, et, quand vous êtes à l'ouvroir, votre corps, à part un peu de mouvement des bras, ne remue

pas beaucoup. Aussi dans ces moments de la journée
une bonne petite fille, bien élevée doit s'y tenir droite,
éviter de prendre de ces positions nonchalantes et négli-
gées qui entravent le plus souvent les fonctions de certains
de nos organes.

Savez-vous pourquoi vos maîtresses insistent toujours
sur votre bonne tenue à la classe et ailleurs, c'est que
l'hygiène leur a appris que les fonctions des poumons, du
cœur, de l'estomac, etc., se font sans embarras quand on
se tient droit et que cette liberté d'action a une grande
influence sur la santé.

La meilleure position pour le repos, c'est celle qu'on
ne peut prendre qu'au lit. Dans la journée, pour se reposer, on s'assied.

Le repos est indispensable au corps et à notre intelligence, mais le bon Dieu, prévoyant bien que nous ne serions pas toujours raisonnables à cet égard, nous a soumis aussi à l'obligation de prendre du sommeil et, pour
nous y inviter plus volontiers, il a réglé le temps en jours
et en nuits.

Par le sommeil le corps se repose en quelque sorte
malgré nous, nos forces vitales se renouvellent, et notre
intelligence y trouve la réparation des fatigues de l'étude.

Aussi après une nuit tout entière de bon sommeil,
comme vous vous réveillez avec un sentiment de bien-
être et de bonne disposition pour recommencer vos travaux; comme vous avez oublié la fatigue et vous sentez
revenue en vous-même cette énergie qui, la veille à la fin
de la journée, avait bien diminué; c'est que ce bon sommeil a tout réparé, c'est qu'avec lui nos organes ont fonc-
tionné sans embarras, c'est que votre cerveau, ce grand

ordonnateur de nos fonctions, livré à lui-même et sans
préoccupations extérieures, a pu remettre un peu d'ordre parmi les différents rouages de cette sublime machine
appelée le corps humain.

Le sommeil est donc le remède le plus efficace contre
la fatigue. Pour dormir à l'aise, il faut se coucher hori-
zontalement, la tête un peu élevée, et se tenir plutôt du
côté droit que du côté gauche à cause de la présence du
cœur de ce côté, afin de ne pas en gêner les battements.
L'estomac étant également situé à gauche, il ne faut pas
qu'il soit comprimé pendant le travail de la digestion. À
votre âge, mes chères amies, on dort si facilement et si
longtemps que, dans n'importe quelle position, vous vous
reposez toujours.

Néanmoins, il est toujours bon pour le sommeil comme
pour tous les autres soins du corps de suivre les préceptes
de l'hygiène.

QUESTIONNAIRE.

1. N'y a-t-il pas une chose aussi nécessaire à la santé que l'exercice?
2. Quelle est cette chose?
3. Pourquoi le repos est-il nécessaire à la santé?
4. Quelle règle faut-il suivre pour le repos et l'exercice?
5. Quelle est la comparaison que l'on peut faire pour démontrer la bonne application de cette règle?
6. Est-il nécessaire de s'abstenir de tout travail pour se reposer?
7. Dans quelles circonstances le corps prend-il du repos en même temps que l'on travaille?
8. Quelle est la meilleure position pour le repos?
9. Quand éprouvons-nous un repos complet?
10. La nuit, comment devons-nous nous placer dans notre lit?
11. Pourquoi devons-vous éviter de nous coucher sur le côté gauche?

SIXIÈME ENTRETIEN

Vous voyez, chères amies, qu'il devient facile de se conserver en santé, si vous retenez bien les quelques notions contenues dans nos derniers entretiens.

Les règles que nous vous y avons données ne sont pas difficiles à observer, chères enfants, et cependant il peut arriver, malgré toutes nos précautions, que la maladie vienne nous visiter sans cause bien appréciable. Si ce malheur survenait, il est bon qu'une jeune fille sache préparer une tisane, disposer un bain de pieds, faire un cataplasme, un sinapisme et les appliquer.

En fait de tisanes, on distingue l'*infusion* et la *décoction*.

Une infusion se fait en jetant de l'eau bouillante sur une pincée de feuilles ou de fleurs médicamenteuses placées dans le fond d'un vase clos (une théière); on laisse séjourner cette eau bouillante dans un vase deux ou trois minutes à peine, pour la verser ensuite dans une tasse où l'on met un peu de sucre ou de sirop.

La décoction se prépare en faisant bouillir, pendant six à huit minutes environ, une certaine quantité d'eau qui contient des substances médicamenteuses. On passe ensuite, soit à travers un linge, soit à travers un tamis, et on sert comme la tisane.

Certaines substances ont besoin que l'on jette l'eau du premier bouillon, comme quand on fait une tisane d'orge, parce que cette première eau a souvent une amertume qui ne se remarque plus dans la seconde.

Quand on prépare un bain de pieds, il faut avoir soin que l'eau soit un peu plus que tiède et ne pas oublier de placer à la portée de la personne qui prend le bain une bouilloire d'eau plus chaude pour que le bain puisse être réchauffé au besoin.

Un cataplasme se fait en mêlant de l'eau chaude à de la farine de graines de lin, ou à des miettes de pain, ou encore à des feuilles écrasées, de manière à en faire une sorte de bouillie épaisse que l'on place entre deux linges pour l'appliquer ensuite sur la partie malade.

Le sinapisme ne diffère du cataplasme qu'en ce que l'on remplace la farine de graine de lin par de la farine de moutarde, que l'on peut délayer avec de l'eau chaude ou froide, et que, en raison de la cuisson qu'il provoque, on le laisse moins longtemps sur la peau que le cataplasme qui, au contraire, a un effet adoucissant.

Un lait de poule se prépare en délayant un jaune d'œuf bien frais avec de l'eau tiède et en y mélangeant du sucre en petite quantité.

QUESTIONNAIRE.

1. Que faut-il qu'une jeune fille apprenne à préparer en cas de maladie dans sa famille ?

2. En fait de tisanes que distingue-t-on ?

3. Qu'est-ce qu'une infusion ; comment la fait-on ?

4. Comment se prépare une *décoction* ?

5. Certaines substances ont-elles besoin qu'on jette la première eau, pourquoi ?

6. Comment faut-il faire prendre un bain de pieds ?

7. Comment se fait un cataplasme ?

8. Quelle différence y a-t-il entre le cataplasme et le sinapisme ?

9. Que faut-il faire pour préparer un lait de poule ?

14.

SEPTIÈME ENTRETIEN

Préparation des aliments.

C'est par l'économie qu'on prévient l'indigence.　　　　(Un auteur ancien.)
　« Pour la femme, la plus utile et la plus
« honorable science est la science du
« ménage. »　　　　(Montaigne.)

Après vous avoir fait comprendre, mes chères petites, en quoi consiste une nourriture substantielle, je tiens à vous parler aussi de l'obligation pour une jeune fille de savoir préparer les aliments dans le cas où elle serait forcée de remplacer sa mère malade ou en voyage, afin que personne, dans la famille, ne souffre de cette absence.

Voyons, Julie, vous qui avez été obligée de rester chez vous pendant que votre bonne mère était allée voir votre grand-père, dites-nous comment vous avez fait pour préparer les repas de votre père et de vos frères ?

— Oh ! madame, j'ai été bien embarrassée, et sans ma tante, qui a bien voulu m'indiquer comment m'y prendre, je crois que je n'aurais pas même pu réussir ce mets que tout le monde doit savoir préparer, le simple pot-au-feu...

— Je ne m'en étonne pas, chère enfant, et je pense que Céline, qui sourit d'un air moqueur, pourra nous expliquer la manière dont il faut s'y prendre ; allons, chère Céline, parlez, nous vous écoutons.

— Il me semble, Madame, que ce n'est pas difficile ; j'achèterais du bœuf que je ferais bouillir très-longtemps ; puis j'y ajouterais des légumes, tels que poireaux, navets, carottes, etc.

— Mais, chère Céline, vous ne nous dites pas quel morceau de bœuf vous demanderiez au boucher, et si vous le mettriez dans l'eau froide d'abord, ou si vous feriez bouillir l'eau pour y ajouter ensuite la viande. Votre explication est donc incomplète, et vous voyez, chère enfant, que les choses que l'on croit les plus simples ont besoin d'être apprises. Priez donc Julie de vous dire comment sa tante lui a fait préparer le pot-au-feu.

— Oh ! bien volontiers ; d'abord ma tante est venue chez le boucher avec moi ; elle a demandé deux kilogrammes de tranche ou de poitrine, parce que c'est la meilleure partie du bœuf pour faire un excellent bouillon.

— C'est très-bien, mon enfant, vous avez su profiter de l'explication de votre tante ; continuez.

— Rentrée à la maison, elle m'a fait mettre la viande dans la marmite avec trois litres d'eau froide, à peu près, et m'a recommandé de l'écumer avec soin aussitôt que l'eau commencerait à bouillir. Lorsque l'écume a été bien enlevée, elle me l'a fait saler avec du gros sel de cuisine, en ajoutant un bouquet de poireaux, céleri, cerfeuil, une pincée de poivre, et très-peu de carottes et navets. Ma tante m'a recommandé de ne pas le laisser bouillir trop fort et pendant quatre ou cinq heures au plus. Quand mon père est revenu dîner, je vous assure que j'ai été

toute fière des compliments qu'il m'a adressés sur la
bonne qualité de mon bouillon.

— A merveille, chère Julie, mais le lendemain, comment avez-vous préparé le bœuf qui restait de la veille ?

— J'ai dû recourir encore à l'obligeance de ma tante
qui m'a enseigné plusieurs manières de le faire réchauffer, avec des pommes de terre, au gratin ou en hachis.
J'ai préféré la première préparation, parce que mon père
et mes frères aiment beaucoup les pommes de terre.
D'après les conseils de ma tante, j'ai coupé des petits
morceaux de lard que j'ai mis dans une casserole avec
un morceau de beurre. Quand ce lard a été bien cuit,
je l'ai retiré, puis j'ai ajouté un peu de farine et de l'eau
pour faire un roux avec un bouquet de persil, une feuille
de laurier, du sel et du poivre, puis j'ai coupé des pommes de terre en morceaux pour les faire cuire dans cette
sauce ; quand elles ont été assez cuites, j'avais préparé le
bœuf en tranches et je l'ai fait réchauffer dans ce ragoût
que mon père a trouvé très-bon à ma grande satisfaction.

Pour ne plus me trouver aussi embarrassée en l'absence
de ma bonne mère, je me suis bien promis de la regarder
préparer nos aliments, car je crois que c'est la meilleure
manière de comprendre.

— Vous avez raison, chère Julie, cela vaut mieux que
toutes les explications des livres de cuisine, et j'engage
toutes vos compagnes à saisir les moindres occasions
d'aider leurs mères dans la préparation si utile des aliments, puisque, faute de savoir, on peut exposer ses
parents à des indispositions, comme cela est arrivé, je
crois, à Joséphine. Voyons, chère enfant, racontez-nous
comment cela s'est fait.

— Un jour que ma mère était souffrante, j'ai voulu la remplacer, et j'ai fait bouillir un morceau de mouton avec du petit salé, sans faire attention que la chaleur de la saison avait trop avancé la viande ; malgré la cuisson et les légumes, la soupe a été très-mauvaise, parce que j'ignorais le moyen de rendre en pareil cas la viande mangeable, celui d'ajouter un ou deux morceaux de charbon de bois dans l'eau pour la purifier. Une autre fois, en l'absence de ma mère, j'ai voulu faire une surprise à mon père en lui préparant des champignons qu'il aime beaucoup. J'en avais trouvé plusieurs que je croyais très-bons ; mais, hélas ! à peine mon père et mes frères en eurent-ils goûté qu'ils ressentirent tous les symptômes de l'empoisonnement. Quelle frayeur j'éprouvai quand le médecin ordonna vite un vomitif après avoir examiné les champignons et les avoir reconnus malfaisants et dangereux. Je me suis bien promis alors de ne plus jamais m'en rapporter à moi-même, car, d'après le dire du médecin, il est très-difficile de reconnaître si un champignon est vénéneux on non.

— Et vous, Marthe, racontez-nous comment vous avez fait pour remplacer votre bonne mère ?

— Oh ! madame, j'ai fait tant de maladresses que je n'oserai pas les raconter, de peur que mes compagnes ne se moquent de moi.

— Au contraire, mon enfant, les leçons de l'expérience que vous avez reçues leur seront profitables, parlez sans crainte, et surtout sachez mettre tout amour-propre de côté.

— D'abord, j'ai été très-longtemps à faire prendre le charbon pour allumer mon fourneau, et je ne comprenais pas comment je l'avais vu allumer si promptement par ma mère. Voulant faire déjeuner mes petits frères avec de la soupe, j'ai pensé que la plus facile devait être la soupe à l'oignon et au lait. J'ai donc épluché plusieurs. gros oignons en les mettant avec un morceau de beurre dans une casserole. Puis, au lieu de les remuer jusqu'à ce qu'ils fussent bien cuits et dorés, je suis sortie pour aller chercher du lait très-près de la maison, mais un instant a suffi pour faire brûler mes oignons qui n'étaient plus que des morceaux noirs comme des charbons quand je suis rentrée. Que faire ? Vite j'ai coupé d'autres oignons, et, pour les cuire, il m'a fallu un second morceau de beurre, à mon grand regret, puisque c'était une dépense de plus faite par ma faute. Lorsque les oignons ont été bien roussis et bien cuits, j'ai mis la quantité d'eau nécessaire que j'ai laissée bouillir, puis j'ai jeté ce bouillon sur le pain coupé en tranches très-minces en y ajoutant du lait, et j'ai fait alors déjeuner mes petits frères. A peine avaient-ils goûté ma soupe, que je croyais très-bonne, qu'ils se sont écriés : Oh ! qu'elle est fade ! elle n'est pas salée ! En effet, j'avais oublié le sel, et lorsqu'on l'ajoute après, ce n'est plus la même chose.

Le soir, comme c'était un vendredi, j'ai voulu faire un dîner maigre, et j'ai manqué tout à fait un plat de morue aux pommes de terre, parce que je ne savais pas qu'il fallût la dessaler en la mettant dans l'eau tiède quelques heures avant de la faire cuire.

Malgré cela, je l'ai servie entourée de pommes de terre bouillies et assaisonnée avec du beurre fondu et du persil, et mon plat avait, en vérité, très-bonne mine; mais à peine mon père en eut-il goûté, que je fus bien désappointée, car il s'écria qu'il était impossible de manger cette morue, tant elle était salée, et tout fut perdu.

Ensuite, j'ai voulu faire cuire des haricots secs; j'ai cru bien faire en les mettant dans l'eau bouillante tout de suite, et pas du tout, il fallait les mettre dans l'eau froide pour ne pas les durcir horriblement. Ce sont les légumes frais qu'on met dans l'eau bouillante, je l'ai su depuis; aussi mon plat de haricots a-t-il été de même complétement manqué, et mon pauvre père s'est bien aperçu que ma mère était absente.

J'étais si confuse d'avoir été si maladroite, que je me suis bien promis de regarder ma bonne mère préparer les aliments pour m'y prendre mieux une autre fois, ce que j'ai fait, et je pense qu'à présent je pourrais presque donner des leçons à mes compagnes si, à leur tour, elles se trouvaient dans l'embarras.

— A merveille, chère Marthe, que ce court entretien suffise pour convaincre vos jeunes amies de la nécessité d'apprendre à votre âge tout ce que les femmes doivent connaître un jour pour bien diriger une maison, qu'elles soient destinées à se faire servir ou à se servir elles-mêmes, peu importe. Dans le premier cas, comment une femme qui ne s'est jamais rendu compte de la préparation des aliments peut-elle savoir si la cuisinière emploie la quantité nécessaire de viande, de beurre, de graisse, d'assaisonnements, etc. ? Bientôt, en s'apercevant de l'ignorance de sa maîtresse, la cuisinière, si elle n'est pas honnête, en abusera, et les dépenses de la nourriture seront presque doublées dans le ménage par suite de cette ignorance.

Au contraire, quand une jeune fille a été initiée de

bonne heure par une mère sage et prévoyante à tous les détails de l'intérieur, elle devient plus tard un trésor pour sa famille, et, au moyen des économies que lui procurent ses connaissances pratiques, elle peut affecter à des actes de bienfaisance les sommes qui eussent été perdues en gaspillage dans sa maison.

Si elle est obligée de se servir elle-même, ses économies profiteront surtout au bien-être de la famille et empêcheront la misère de pénétrer au logis.

QUESTIONNAIRE.

1. Que faut-il qu'une jeune fille sache préparer dans le cas où sa mère s'absenterait?

2. Qu'aurait fait Julie sans les conseils de sa tante?

3. Céline s'y prendrait-elle bien pour mettre le pot-au-feu?

4. Comment la tante de Julie lui a-t-elle enseigné à le mettre?

5. Quelles sont les principales manières de faire réchauffer le bœuf?

6. Quelle est la meilleure leçon pour apprendre à préparer les aliments?

7. A quoi s'expose-t-on quand on ne sait pas préparer les repas en l'absence de sa mère?

8. Racontez les tribulations de Joséphine en pareil cas.

9. Celles de Marthe.

10. Pourquoi ne faut-il pas faire cuire les légumes secs dans de l'eau bouillante?

11. Que doit savoir une femme pour surveiller une cuisinière?

12. A quoi s'expose-t-elle si la cuisinière n'est pas honnête?

13. Qu'arrive-t-il si une jeune fille a été initiée de bonne heure aux détails de l'intérieur?

14. Que peut-elle faire au moyen de ses économies quand elle empêche le gaspillage dans sa maison?

15. Si la femme se sert elle-même, quel avantage en résultera-t-il?

FIN.